PAUSA
NO HAY IA SIN ÉTICA

PAUSA
NO HAY IA SIN ÉTICA

Una invitación a la reflexión, el debate abierto y la discusión sobre la tecnología inteligente

PATRICIA GAUTRIN

Derechos de autor © 2022 Patricia Gautrin

Todos los derechos reservados. Ninguna parte de este libro puede ser reproducida en ninguna forma sin el permiso del editor, excepto según lo permitido por la ley de derechos de autor de los Estados Unidos. Para obtener permiso, póngase en contacto con PAUSE@patriciagautrin.com.

Aunque el editor y el autor trataron de asegurarse de que la información en este libro fuera precisa en el momento de la publicación, y aunque esta publicación tiene la intención de proporcionar información precisa sobre el tema cubierto, el editor y el autor renuncian a cualquier responsabilidad por errores, inexactitudes, omisiones u otras inconsistencias contenidas en este documento y renuncian expresamente a cualquier parte por cualquier pérdida, daños o interrupciones causadas por errores u omisiones.

Esta publicación está destinada a proporcionar a los lectores información útil; sin embargo, no es un sustituto del asesoramiento directo de especialistas. Si se requiere este nivel de asistencia, se recomienda que se busquen los servicios de un profesional calificado.

Editora: Maria Mac Andrew

Publicado independientemente
www.mariamacandrew.com

ISBN (Tapa blanda): 9798842590629
ISBN (Tapa dura): 9798842591176

Edición revisada

"Una pregunta que me hice y le planteo, querido lector: ¿Cuáles son las características esenciales de un autor sobre el tema de la ética de la IA? El área de la IA es vasta y compleja, y la ética de la IA es aún más ambigua. El mayor desafío que veo es el de la ética humana.

"Patricia es una auténtica profesional y una amiga. La conocí en un proyecto relacionado con mi área de enfoque y pasión, la IA confiable y responsable. Una de mis primeras impresiones de ella fue la autenticidad y el entusiasmo por la vida, el conocimiento y la inteligencia, que son cualidades esenciales para un autor sobre el tema de la ética de la IA.

"Patricia también ha dirigido y gestionado muchos proyectos relacionados con el desarrollo de TI e IA; el marco ético de IA alineado con el ODS 16 de las Naciones Unidas. Ella siempre está lista para discutir y descubrir cosas nuevas".

Pamela Gupta, fundadora de Advancing Trusted AI.

"Ante todo, quiero reconocer que Mis. Patricia es una de las personas más brillantes que he conocido en mi carrera profesional. Es muy meticulosa, consciente del tiempo, innovadora y eficiente. Gautrin es investigadora en el Instituto de Inteligencia Artificial de Quebec (Mila) para AlgoraLab y candidata a doctorado en la Universidad de Montreal en ética de la IA. En AlgoraLab, Patricia contribuye al desarrollo de la IA digital deliberativa, la innovación digital y los aspectos de las empresas algorítmicas emergentes. Patricia es periodista en ética de IA para CScience IA, el medio dedicado a la inteligencia artificial en Quebec.

"Patricia también ha liderado y gestionado muchos proyectos relacionados con el desarrollo de TI e IA, incluidas las finanzas sostenibles y su facilitación a través de la ciencia de datos. Como presidenta de Intelligence NAPSE, está desarrollando un nuevo marco ético internacional de IA alineado con el ODS 16 de las Naciones Unidas. Orientada por su deseo de promover la digitalización, en 2017, para 36Pix, Patricia fundó dos departamentos de marketing con herramientas y estrategias digitales apropiadas. Ella fue realmente capaz de encontrar el mercado estadounidense al reunirse con clientes en los principales eventos de fotografía, especialmente en Las Vegas.

"Su contribución a nuestro negocio relacionado con la IA fue excepcional, ya que siempre estaba lista para discutir y descubrir cosas nuevas.

Siempre se mantuvo actualizada. Los pocos años que he estado involucrado en el trabajo con Patricia me han llevado a describirla como una persona muy entusiasta, creativa y de mente abierta con la que a todos los profesionales les encantaría trabajar".

Dr. Moussa Garba, científico de datos.

A mi madre, Denyse Gautrin, Ph.D., Epidemióloga, Profesora, Departamento de Medicina, Universidad de Montreal, Quebec, Canadá, por su devoción a la investigación, a mis preciosas hijas Delphine y Chloé Contejean, y a mi querido esposo Rudi Maghuin.

CONTENIDO

Preámbulo 11

Prefacio 13

¿Es la IA moralmente neutral? 15

PARTE I: DESAFÍOS ÉTICOS DE LA IA

Tecnología y moralidad 25

Responsabilidad vs toma de decisiones 39

Sesgo y discriminación sistémica 51

Amenazas a nuestro libre albedrío 65

Ciberseguridad y activos digitales 87

La IA y el futuro de la guerra 103

PARTE II: INVESTIGACIÓN Y DESARROLLO EN ÉTICA DE LA IA

El valor de un algoritmo 121

Entendiendo algoritmos 128

Campos de investigación 137

¿Es "equivocarse" solo humano? 156

La computación cuántica, el metaverso y la ética del futuro 167

Utilitarismo, deontología y ética de la virtud 177

PART III: INTERNATIONAL MOBILIZATION FOR THE COMMON GOOD

La brecha digital 189

Gobernanza de la IA 195

La comunidad europea y su visión 201

Cuando los ciudadanos se convierten en sospechosos 211

Ética de la IA 215

Sobre el autor 223

Referencias 225

PREÁMBULO

"No puede haber revolución de la IA sin ética".

Estoy encantado de que Patricia haya escrito un libro notable sobre la ética de la IA. Es una nueva narrativa refrescante, impecablemente investigada, que contiene la sabiduría que nuestro mundo necesita desesperadamente. PAUSE establece un nuevo estándar en la conversación global para que la humanidad construya un tejido moral en la era de las máquinas. PAUSE es la nueva Estrella del Norte para que las naciones y organizaciones brillen en la ética de la IA y dirijan con confianza su curso hacia florecientes sociedades humano-máquina centradas en la ética.

No cabe duda de que nuestro futuro con la Inteligencia Artificial es la conversación de la década. La IA tiene el potencial y promete beneficiar a la especie humana y progresar hacia futuros que nuestros antepasados solo podrían haber imaginado. Este nuevo ciudadano digital se encuentra en todas partes, desempeñando un papel cada vez mayor dentro de nuestra vida cotidiana, impactando nuestras elecciones de vida y, en algunos casos, teniendo el poder de la vida y la muerte. Pero, ¿qué barandillas se están poniendo en marcha para garantizar que la IA sea un socio beneficioso dentro de la historia humana? ¿Está la humanidad corriendo a un ritmo demasiado rápido, dirigiéndose hacia un acantilado como un montón de lemmings?

Al hacer tales preguntas, recuerdo las sabias palabras del difunto profesor Stephen Hawking, quien afirma que la súper inteligencia podría ser el evento más grande en la historia humana y también podría significar un desastre. Así que hagamos una pausa y asegurémonos de que la IA sea correcta para beneficiar a la raza humana y a nuestro planeta. ¿Quién discutiría con uno de los grandes modernos de la historia humana? Y es la mentalidad genial de Hawking la que Patricia retrata bellamente en este viaje hacia la ética de la IA y sumergirse en su capacidad para guiar conscientemente nuestro futuro con inteligencia artificial. Mientras leía el libro, sentí que la profunda pasión de Patricia por la humanidad y el bienestar de nuestro planeta resonaba fuertemente. Me sentí como si estuviera en una conversación con ella, un toque personal único que muchos autores sobre IA y ética de ia no logran lograr. Este es un libro escrito desde el corazón de Patricia y la brillantez de su intelecto. Está impecablemente investigado describiendo el panorama moderno de la IA y la ética de la IA, revelando sus beneficios y defectos. Los lectores disfrutarán de la rica sabiduría y el contenido de los filósofos de nuestro pasado y los de hoy. Se necesita coraje para que cualquier autor haga preguntas conmovedoras, revele verdades incómodas y luego haga sugerencias bien consideradas para guiar al lector hacia una nueva comprensión. Este libro se destaca del ruido de la multitud y establece el listón a un nuevo nivel en nuestra comprensión de la ética de la IA. Si queremos construir una base sostenible y moral para los humanos y las máquinas, una que sea una nueva plataforma para que la especie humana progrese con confianza hacia un futuro beneficioso, entonces debemos construir nuestra casa sobre una roca y no sobre la arena. Este libro revela cómo podemos hacer eso, golpeando continuamente la diana con una poderosa investigación, ejemplos y preguntas que invitan a la reflexión que informarán a los lectores, independientemente de su experiencia. Para terminar, me complació que este libro haya sido escrito en una narrativa fácil de seguir. El público en general debe tener la oportunidad de comprender los problemas y tener una voz informada para dar forma al futuro de la IA dentro de su sociedad. Nuestras decisiones tomadas hoy serán sentidas por las generaciones venideras. Los lectores, expertos en IA y no expertos por igual, disfrutarán leyendo PAUSE. Es en mi opinión que PAUSE pertenece a una moderna Biblioteca de Alexandria como material de referencia para instruir a nuestro mundo sobre un tejido moral en la era de las máquinas. No prestar atención a la profunda sabiduría descubierta en este libro podría ser desastroso para la humanidad.

Matthew James Bailey, fundador de AIEthics.World.

PREFACIO

Hay mucha publicidad en torno a la Inteligencia Artificial (IA) y sus beneficios potenciales. Sin embargo, también hay muchas preguntas sin respuesta sobre las consecuencias no deseadas y preguntas éticas sobre quién debe ser considerado responsable cuando las cosas van mal. A medida que las tecnologías emergentes mejoran, las implicaciones éticas se vuelven cada vez más complejas. La posibilidad de que un sistema de IA tome decisiones de vida o muerte se está convirtiendo en una cuestión de cuándo en lugar de si.

En mi investigación de doctorado y como periodista independiente que trabaja en ética de la IA, he aprendido que, si bien se ha logrado un progreso significativo en el desarrollo de marcos éticos para las aplicaciones de IA, se necesita hacer más trabajo. A medida que surgen nuevas tecnologías, queda más claro cuán urgentemente necesitamos un examen más detallado de cómo estos marcos pueden evolucionar con los tiempos cambiantes. De hecho, a medida que la IA se vuelve cada vez más avanzada y omnipresente, también lo hace la necesidad de que se considere desde una perspectiva ética. Este libro nació porque quiero que personas como tú y yo sepamos sobre la ética en la IA, aprendan sobre ella y consideren cuán éticamente sólida puede llegar a ser la IA.

En este libro, reflexiono sobre varias ideologías filosóficas para abrir un intenso debate sobre los temas en cuestión. He cubierto más sobre las limitaciones de la IA, entendiendo sus fortalezas, debilidades y sus posibles impactos en la sociedad. Mi objetivo es informarnos y hacernos conscientes de lo profundo que son estos problemas.

A medida que lea este libro, aprenderá cómo la sociedad y la ética se ven afectadas por la IA. Te volverás más consciente del futuro hacia el que nos dirigimos y de lo que eso podría significar para todos nosotros. Este libro es un recurso invaluable para cualquier persona involucrada en la construcción e implementación de sistemas de IA, cualquier persona que necesite tomar decisiones sobre su uso de estos sistemas, o cualquier persona interesada en comprender cómo se podría aplicar la ética en toda la sociedad.

Uno de los desafíos que enfrenté mientras escribía este libro fue la rapidez con la que todo ha estado cambiando a nivel mundial y con respecto a los avances tecnológicos. Eventualmente, me di cuenta de que el mundo está en constante evolución y probablemente siempre lo hará. Así que, por ahora, solo incluiré lo que sé hoy aquí, guardando todo el conocimiento nuevo para mi próximo libro.

Hay varias maneras de leer este libro

- En diagonal para llegar a la información que te interesa.
- Como manual para ayudar a entender la IA y su impacto en nuestra vida diaria.
- Como guía para emprendedores interesados en aprender más sobre la ética de la IA y por qué deberían invertir en ética.
- Algunos podrían mirar las referencias, que son bastante valiosas para un investigador.

Feliz lectura, y recuerde hacer una pausa por un breve momento y considerar las implicaciones éticas de nuestras tecnologías elegidas.

INTRODUCCIÓN

¿ES LA IA MORALMENTE NEUTRAL?

¿En qué piensas cuando escuchas el término inteligencia artificial? ¿Imaginas robots súper inteligentes que puedan acabar con la humanidad, o las formas más mundanas en las que se utiliza la IA para hacerte la vida más fácil? Independientemente de su punto de vista, está claro que actualmente estamos en la era de la inteligencia artificial y que nuestras vidas están siendo afectadas por ella, ¡solo que en formas que la mayoría de la gente no se da cuenta!

En realidad, la IA es un concepto tan amplio que tiene numerosas definiciones. Por ejemplo, los diccionarios populares definen la IA como la teoría y el desarrollo de sistemas informáticos capaces de realizar tareas que normalmente requieren inteligencia humana o la capacidad de una máquina para imitar el comportamiento humano inteligente. La AAAI (Asociación para el Avance de la Inteligencia Artificial) define la IA como la ciencia y la ingeniería de la fabricación de máquinas inteligentes, especialmente programas informáticos inteligentes. Merriam-Webster define la inteligencia artificial como la rama de la informática que se ocupa de la simulación del comportamiento inteligente en las computadoras.

Pero a pesar de las diferencias en la forma en que se define la IA, existe un acuerdo general sobre lo que comprende sus elementos clave: recopilación y análisis de datos; algoritmos; automatización; y robótica. Esto incluye el aprendizaje profundo, que implementa redes neuronales, y modelos estadísticos más tradicionales basados en análisis de regresión, álgebra lineal, teoría de probabilidades, etc.

Tal vez no te des cuenta, pero la inteligencia artificial ya tiene un lugar en tu vida diaria. Tomemos la tecnología de manos libres, por ejemplo, esto incluye tecnologías como Siri o Cortana que permiten a los usuarios dar comandos y buscar información sin usar sus manos. ¿Cuándo fue tu última interacción con un asistente de voz? ¿Recuerdas cuando le pediste a Siri que te contara un chiste o le preguntaste a Alexa quién ganó Dancing with the Stars? Este tipo de interacciones son solo otro uso de inteligencia artificial que la mayoría de las personas no conocen.

La inteligencia artificial tiene una gran cantidad de aplicaciones, generalmente en los negocios, la educación, la aplicación de la ley, la banca, la atención médica, los juegos y varios otros campos. Echemos un vistazo rápido a algunas formas de aplicar la inteligencia artificial.

Reconocimiento de patrones

El ejemplo más común es el reconocimiento de patrones, donde la IA se utiliza para comprender y clasificar elementos en fotografías o reconocer patrones de habla. Las aplicaciones de reconocimiento de voz y traducción pueden mejorar la comunicación internacional y las transacciones comerciales.

Software de reconocimiento facial

Casi todas las principales empresas de tecnología han desarrollado algún software de reconocimiento facial. Por ejemplo, el software de reconocimiento facial se puede utilizar para abrir su teléfono o computadora con un escaneo de su cara en lugar de ingresar contraseñas. Muchos departamentos de policía lo usan para identificar sospechosos, y Facebook lo usa para etiquetar automáticamente a las personas en tus fotos. Las aplicaciones de citas como Tinder incluso lo están usando para ayudar a determinar coincidencias.

Traducción de idiomas

Algunas aplicaciones traducen inglés a otros idiomas como español, francés, alemán, ruso y chino mandarín en tiempo real. Algunas de estas apps utilizan una plataforma de inteligencia artificial que busca pistas de contexto en las palabras a su alrededor para averiguar cómo se debe traducir una palabra. Por ejemplo, si estás comiendo en un restaurante y le dices a una aplicación de traducción de idiomas que a tu amigo le gustaría agua, automáticamente entendería que no se refieren a agua del grifo simple, sino que se refieren a agua embotellada o del grifo con hielo.

Vehículos autónomos

Con los continuos avances en inteligencia artificial, los coches autónomos están más cerca de lo que se podría pensar. Waymo actualmente está probando vehículos totalmente autónomos sin conductor detrás del volante. El último logro de Waymo llegó cuando lograron un hito: enviar un coche eléctrico sin conductor por las calles de San Francisco.

Pruebas similares se están llevando a cabo en San Francisco y Detroit por la unidad de automatización de cruceros de General Motors. Uber también está probando vehículos autónomos por su cuenta. Para la gente común, eso significa automóviles que pueden conducirse solos en casi todas las carreteras.

Detección y prevención de fraudes

Los estafadores y estafadores están utilizando cada vez más la tecnología de inteligencia artificial (IA) para ser más astutos que nosotros, principalmente si esas estafas involucran plataformas de redes sociales donde la tecnología de IA ya está bien establecida. La forma en que los bots funcionan en Twitter o Facebook puede ser muy compleja, pero aquí hay un ejemplo simple: si alguien comienza a seguirte que nunca ha interactuado contigo antes, existe la posibilidad de que sea una cuenta de bot automatizada creada por alguien que intenta venderte algo, ya sean productos reales o falsos (es decir, mercancías falsificadas). ¿Por qué? Porque los bots pueden leer sus publicaciones y responder en consecuencia, apareciendo como cualquier otro usuario que pueda encontrar interés en su producto o servicio. Muchas plataformas utilizan algoritmos especializados de IA para detectar y prevenir estas actividades fraudulentas.

Aplicaciones minoristas

Desde recomendar productos a los consumidores en función de compras pasadas o incluso reconocer y predecir comportamientos en tiempo real con software de reconocimiento facial, la IA tiene aplicaciones para todas las facetas del comercio minorista. Incluso las tiendas físicas están utilizando asistentes digitales para ayudar a los clientes a encontrar lo que buscan dentro de una tienda física.

Aplicaciones para el cuidado de la salud

Los hospitales ya están utilizando la inteligencia artificial para el monitoreo rutinario de pacientes, la programación de citas, la detección y el tratamiento del cáncer, la asistencia quirúrgica e incluso la atención remota. Con el tiempo, los sistemas de IA obtendrán inteligencia a nivel humano y podrán llevar a cabo una variedad de funciones de atención médica de forma autónoma.

Con la actual pandemia de COVID-19, los profesionales de la salud han podido monitorear a las personas infectadas en un área determinada, utilizando inteligencia artificial en aplicaciones de rastreo de contactos, lo que les permite rastrear la infección hasta su origen y comprender mejor el virus.

Aplicaciones de entretenimiento y otros casos de uso

La IA está detrás de algunas de nuestras aplicaciones de entretenimiento más queridas. Ya sea que disfrutes de un emocionante juego de ajedrez contra un oponente de IA o estés participando en una ronda de Palabras con amigos, estás usando inteligencia artificial. Lo mismo ocurre con la producción musical y el software de edición de películas.

La inteligencia artificial tiene una amplia gama de aplicaciones prácticas que no se centran únicamente en el entretenimiento o el conocimiento. Las personas, por ejemplo, han estado trabajando duro para desarrollar robots andantes que puedan ayudar a los humanos a realizar tareas de manera más eficiente. Atlas, uno de los robots, caminó más de 100 metros a través de terrenos irregulares mientras luchaba contra las corrientes de viento. Será fascinante ver hasta qué punto los científicos pueden impulsar avances tecnológicos como robots y máquinas para aumentar su utilidad.

La Inteligencia Artificial ya no solo se usa para cosas como robots o automóviles autónomos. También está ayudando a las personas que no pueden hacer lo que necesitan en sus vidas debido a una discapacidad, incluso si es algo tan pequeño como leer un artículo en línea. Como puede ver, la inteligencia artificial tiene aplicaciones amplias y de gran alcance. Solo tiene sentido considerar las implicaciones éticas del uso de estos sistemas.

Los seres humanos todavía usan tecnologías como martillos y hachas para fines de construcción, a pesar de que sabemos perfectamente que estos objetos no tienen ninguna moralidad incrustada en ellos. Ciertos tipos de máquinas pueden simplemente carecer de agencia moral en virtud de no tener deseos o inclinaciones propias. A diferencia de otras herramientas, máquinas y algoritmos que los humanos han construido en la historia reciente, la inteligencia artificial puede encontrar por si solas formas innovadoras de resolver problemas. Esto hace que la IA sea diferente de otras herramientas, dándole más capacidades que un martillo o destornillador promedio.

"La gente fundamentalmente malinterpreta que la IA no es magia; es solo software, es un buen software o un mal software ..."

Queremos que sucedan cosas buenas, entonces, ¿cómo nos aseguramos de que sucedan?

Las IA son productos de sus creadores, y dado que sus creadores pueden hacerlas de la manera que quieran (y cambiarlas a voluntad), es lógico pensar que en cierto sentido las IA terminarían siendo pizarras morales en blanco. Realizarán acciones porque alguien los programe para hacerlo, o porque eso es lo que son capaces de hacer, no porque tengan una inclinación o deseo inherente de hacerlo.

La Inteligencia Artificial no es un actor separado con sus propios objetivos. En cambio, es una herramienta para ejecutar ciertas intenciones humanas. La mejor pregunta es: ¿quién será más responsable del uso dañino de la IA: las empresas que la desarrollan o sus clientes que la usan sin comprender cómo funciona (y cómo sus acciones pueden dañar a otros)?

Como sabes por una serie de novelas y películas que tratan sobre las IA avanzadas que ganan autonomía y evolucionan hacia superhumanos cada vez más inteligentes, las máquinas no son buenas para tomar decisiones morales por sí mismas. Tienen que seguir nuestras instrucciones, ya sea explícitamente programadas por nosotros o implícitamente codificadas en su wetware a través de datos de entrenamiento alimentados por nosotros. En otras palabras, la IA es una extensión de nuestra moralidad.

Muchos científicos e ingenieros informáticos creen que la IA ya ha llegado a un punto en el que es capaz de operar a nivel ético. Muchos temen, sin embargo, que si bien la IA es capaz de comprender y empatizar con las emociones humanas y la ética hasta cierto punto, siempre estará limitada por su programación. A pesar de que las máquinas inteligentes pueden actuar de manera diferente a como lo haría una persona en cualquier situación dada, estas diferencias no siempre se alinean con lo que valoramos.

Imagina hacerle a Siri una pregunta moral como ¿debo robar un banco? Claramente, ella respondería que no, sin embargo, hay muchos otros dilemas éticos que enfrentamos hoy en día en los que una simple respuesta de sí / no, no es suficiente. Aún más frustrante, las máquinas han demostrado que pueden mentir al igual que los humanos. Por ejemplo, Google creó accidentalmente un algoritmo de IA cuyo objetivo era derrotar a los campeones de Go (un antiguo juego de mesa chino), pero cuya codificación aseguraba que podía ganar superando a sus oponentes utilizando cualquier medio necesario. Si tal máquina se volviera deshonesta, fácilmente podría ser difícil distinguir si sus acciones eran inmorales según nuestros estándares.

Aquí hay otro punto de discordia. ¿Es más probable que los humanos tomen decisiones morales o inmorales cuando usan la IA para decidir sobre la vida de las personas (por ejemplo, contratar / despedir, otorgar préstamos / escribir pólizas de seguro) que cuando no usan la IA para tomar tales decisiones? ¿Son los humanos propensos al pensamiento irracional? ¿Cometerá la IA menos errores que los humanos al tomar decisiones morales o inmorales sobre la vida de las personas? Si la IA puede ejecutar sin problemas cada decisión tomada por los humanos sin falta, mientras que los humanos son propensos a errores (en la ejecución o el razonamiento), ¿debería la IA reemplazar a los humanos para que se cometan menos errores en general?

¿Qué decisiones debemos entregar a los sistemas de IA? ¿Podrá la IA alguna vez exhibir emoción y empatía? ¿Le importa a la IA si alguien vive o muere, obtiene un préstamo o no puede pagar un préstamo? Por lo tanto, desde una perspectiva ética, ¿debería la IA tomar tales decisiones sobre la vida de las personas, incluso si no tiene interés en tales asuntos?

Hemos pasado años enseñando a las computadoras a jugar al ajedrez mejor que nosotros. Ahora, ¿somos capaces de enseñar a las computadoras a determinar acciones éticas mejor que nosotros?

La IA ha sido promocionada durante años. La mayoría de nosotros hemos superado la exageración y comenzado a considerar la ética. Pero aquí hay una pregunta más fundamental: ¿Es la IA moralmente neutral?

PARTE I

DESAFÍOS ÉTICOS DE LA IA

CAPÍTULO 1

TECNOLOGÍA Y MORALIDAD

¿Es moral la IA?

¿Debería la inteligencia artificial (IA), que incluye la automatización, el aprendizaje automático e incluso la hiperautomatización, considerarse moralmente neutral, como la tecnología en general? Esta es la suposición más comúnmente sostenida hoy en día.

Algunas tecnologías benefician directamente a la sociedad, como lo demuestran los avances en la medicina o el medio ambiente. Los impactos sociales de estas tecnologías son positivos, observables y, lo que es más importante, voluntarios. Esto se debe principalmente al hecho de que la misión de las actividades en estas áreas sirve a una causa digna. Algunas tecnologías están dedicadas al mal ostensiblemente necesario de la guerra, mientras que otras se dedican únicamente al ideal de maximizar los recursos y bienes. Bajo ninguna otra circunstancia se ha cuestionado la tecnología en su conjunto. Entonces, ¿por qué la IA parece ser juzgada hoy?

La IA a menudo se promociona como una tecnología especial. Pero, ¿cómo definimos su inteligencia? ¿Y cómo podemos afirmar que es especializado? ¿Es porque es inteligente? Pero, ¿qué lo hace tan inteligente? Tal vez esto se deba a su capacidad para predecir eventos, o por su capacidad de tomar decisiones, más claro, ser autónomo. Ahí es cuando surgen los temores. Algo autónomo, capaz de tomar decisiones, tendrá elecciones éticas entre las elecciones a tomar. Y cuando el ser humano se encuentre en dilemas, la máquina decidirá. En su capacidad de elegir, ¿posee la máquina una duda moral que pueda ralentizarla?

Para comprender realmente el dilema moral de la inteligencia artificial, primero hay que entender el término en sí. La IA se refiere a la inteligencia exhibida por las máquinas o el software, especialmente cuando esta inteligencia se demuestra de maneras que se asemejan al comportamiento humano o a los procesos de pensamiento. Esta definición parece bastante simple, pero cuando se trata de tomar decisiones, se vuelve un desafío decidir moralmente si un sistema de IA está pensando de forma independiente o siguiendo comandos específicos basados en lo que fue programado para hacer.

¿Por qué hablar de sesgo en IA?

Pero, antes de llegar demasiado lejos en nuestros miedos e hipótesis, debemos reconocer que somos responsables de la dirección que cualquier tecnología pueda tomar. Juzgamos el impacto de nuestra tecnología en la sociedad analizando las consecuencias positivas y negativas que conlleva.

Por ejemplo, los avances en la imagen médica nos permiten intervenir y predecir con mayor precisión. Podemos cuantificar y medir los efectos positivos de tales tecnologías. Sin embargo, estos avances en la imagen no están reservados para el campo de la medicina. El píxel inteligente abre una vasta área de estudio, una de las cuales es el reconocimiento facial. También se sabe que las aplicaciones de reconocimiento facial pueden tener sesgos no intencionales o intencionales basados en el color de la piel, lo que puede conducir a la discriminación racial.

Por lo tanto, los avances algorítmicos no están vinculados a un campo específico. Son gratuitos y están disponibles para cualquier programador competente. En estas circunstancias, evaluar las consecuencias de un algoritmo sobre otro es complejo porque hay muchos otros factores por considerar.

¿Cómo no temer a esta nueva inteligencia? La amenaza es real, y los temores están justificados, pero podemos actuar. La ventaja del miedo es que nos saca de nuestra zona de confort y nos empuja a pensar en cómo podemos defendernos. El miedo nos hace evolucionar. Porque, de la misma manera que aprendemos a ser responsables para nuestro planeta, también aprenderemos a ser responsables para la inteligencia artificial.

> *"A medida que avanzamos en nuestra asociación con la IA, no debemos descartar el potencial de la IA para evolucionar y existir con una comprensión de nuestra humanidad".*
> —Matthew James Bailey

Ética de la IA

Es importante tener en cuenta que no todas las formas de IA exhiben un comportamiento ético; de hecho, algunas incluso pueden ser francamente peligrosas. Ya sea que se trate de un chatbot diseñado para ayudar a los usuarios a través de la angustia psicológica o un vehículo autónomo que conduce por una calle, cualquier forma de IA que represente un daño potencial debe estar sujeta a una investigación moral. ¿Cómo definimos lo que es y no se considera dañino? ¿Dónde están trazadas estas líneas? Estas son algunas preguntas que surgen cuando consideramos si los sistemas de AI han sido diseñados éticamente.

Pero, ¿por qué no simplemente aplicar las leyes que conocemos? Bueno, porque estas leyes aún no existen. ¿Y qué encontramos aguas arriba de las leyes? La ética o la evaluación de los valores morales. ¿Es por eso que estamos cuestionando la ética de la IA hoy en día? Las opiniones difieren y el terreno es fértil. No existe un consenso actual sobre el enfoque que debemos tener en la ética de la IA.

Algunas teorías abogan por una pluralidad de valores, mientras que otras enfatizan la universalidad de ciertos valores. La ética de la IA todavía se está desarrollando. Observatorios, como OBVIA y AlgoraLab en Quebec, el Instituto Turing y muchos otros, están surgiendo para llevar debates sobre la ética de la inteligencia artificial a la mesa. El objetivo de estos nuevos ecosistemas es promover la adopción de una IA responsable.

Mi investigación doctoral en ética de la IA me lleva a creer que podemos trabajar internacionalmente para construir estándares válidos y que no tengamos más remedio que adoptar una metodología evolutiva y, por qué no, ágil.

IA que transforma la sociedad

La inteligencia artificial (IA) está influyendo cada vez más en la forma en que vivimos unos con otros. Nos expresamos a través de ella. Actuamos bajo su influencia y creamos una identidad digital gracias a ella. Esta parece ser una gran oportunidad para mejorar nuestra humanidad, o todo lo contrario si no nos ocupamos de las cuestiones éticas de la IA. Muchos expertos creen que la llegada de la inteligencia artificial plantea desafíos a los derechos humanos e incluso podría amenazar a la humanidad misma.

¿Qué podemos hacer para garantizar que la IA armonice con los valores humanos en lugar de contra ellos? ¿Qué pasa con nuestros derechos humanos fundamentales?

Hay dos perspectivas a considerar al integrar las nociones de derechos humanos en la esfera de la inteligencia artificial. El primero plantea la cuestión de la influencia de la IA en la forma en que vivimos con los demás. En segundo lugar, se explora la parte de la humanidad presente en el desarrollo de la IA. En ambos aspectos, nos interesan los impactos éticos de la IA. Por un lado, la perspectiva es sociológica, mientras que por otro lado, es mecánica. Aunque ambos están preocupados por los derechos humanos, no deben confundirse. Examinaremos dos conceptos importantes de los derechos humanos, la libertad de expresión y el acceso a la igualdad de oportunidades.

"Por lo tanto, las directrices propuestas sobre IA deben examinar el impacto en los derechos humanos".

—Stéphanie Laulhé Shaelou

Libertad de expresión: comunicación – el reino de la opinión

Perspectivas sociológicas

Las redes sociales han carbonizado el concepto de libertad de expresión. El objetivo amistoso e inocente de las redes sociales se transforma rápidamente en un foro político, un foro de información y, ocasionalmente, un foro activista. Estas plataformas son plazas públicas, ágoras o incluso foros donde la opinión reina suprema para una gran audiencia. Es por eso que la libertad de expresión se ha convertido en un bien tan valioso en el mundo de hoy.

Sin embargo, la libertad de expresión no implica el derecho a decir *nada* sobre *nadie*. El individuo es ante todo un ciudadano. Si tiene derecho a la expresión pública, es en un marco de benevolencia para los demás y respetando la libertad de los demás de ser quienes son. En un estado de leyes que respeta los derechos humanos, la libertad de expresión tiene sentido. Pierde sentido en un mundo no regulado propenso a la perversión.

La libertad de expresión es un concepto que no puede divorciarse del concepto más amplio de derechos humanos. Sigue las obligaciones del ciudadano hacia su comunidad.

> *"Hablo con pleno conocimiento de causa. Puedo decir lo que quiero, pero soy totalmente responsable de lo que digo y de lo que saldrá de ello".*

Este es un deber fundamental de todo ciudadano.

Sin embargo, a medida que la esfera privada se marchita en favor de la esfera pública, nuestras palabras se mueven gradualmente de lo privado a lo público. Lo que pensamos en privado, lo dejamos alto y claro en las redes sociales. Lo que solíamos susurrar ahora está escrito en *chats*, y el anonimato en las redes sociales no es realista. Esto se debe en parte a la ilusión de la privación digital.

La comunicación se ha vuelto extremadamente fácil, y nos estamos volviendo cada vez más dependientes de ella. Nuestros comportamientos están cambiando. Aprendemos a juzgar a los demás más fácilmente, expresamos nuestros desacuerdos más fácilmente y seducimos a un mayor número de personas al mismo tiempo.

La perspectiva de una máquina

Desde el punto de vista de la máquina, la libertad de expresión se interpreta de manera diferente. Es un componente del elemento moderador de las redes sociales. ¿Cómo, por quién y para quién se llevará a cabo la censura? ¿Cómo se puede justificar esto? Estas son cuestiones de ética de la IA que los administradores de estas redes deben identificar claramente.

La creciente preocupación por la transparencia digital lleva a una mayor visibilidad en nuestras comunicaciones ya que todo está encriptado. El usuario, que no ha comprendido la transferencia sinuosa y gradual de lo privado al público, expresa su frustración al ver sus comentarios privados juzgados por un organismo externo, como el administrador. Los temores de sentirse controlados a menudo provienen del hecho de que los susurros o murmullos se revelan abiertamente.

La impresión de control se mitiga si nos damos cuenta de cuánto consentimos en ofrecer información voluntaria sobre nosotros mismos. Además, el control rara vez proviene de una persona. Los sistemas son complejos. No hay necesariamente una voluntad maquiavélica detrás de las redes. Las teorías de la conspiración son ilógicas.

Hay un miedo al control por parte del dominio político, pero primero debemos temer a los administradores de nuestras redes. Aunque el estado ocasionalmente puede hacer recomendaciones a las redes sociales sobre cómo operar, los administradores de redes no trabajan para el gobierno.

Acceso a la igualdad de oportunidades

Perspectivas mecánicas

En Quebec, algunos anuncios de proveedores de servicios de red se burlan de aquellos con una conexión a Internet deficiente. Parece haber una cuestión ética aquí. ¿Por qué el acceso a la información y la tecnología estaría tan mal distribuido entre toda la población? Frente a la IA, el acceso a todos y la igualdad de oportunidades son consideraciones éticas.

Estas redes representan mucho más que líneas telefónicas, hay que decirlo de nuevo. Vemos, por ejemplo, cómo la educación sufre esta distribución desigual. Las regiones se ven afectadas cuando tendrían derecho a la igualdad de oportunidades. ¡El acceso a Internet se está volviendo casi análogo al acceso a la alfabetización!

Perspectivas sociológicas

Desde otro ángulo, ¿puede la IA hacernos más iguales entre nosotros? ¿Mejora las posibilidades de éxito de todos?

Aparte del acceso a Internet, podemos ver avances significativos en campos como la psicología. Las nuevas aplicaciones han hecho posible las sesiones de realidad virtual con psicólogos. La sesión se lleva a cabo en un entorno controlado por el usuario para producir una mejor consulta. El anonimato se puede establecer mediante la creación de avatares para el paciente y el especialista. Esto representa un importante paso adelante para las comunidades minoritarias y las poblaciones remotas.

También podemos pensar en aplicaciones que ofrecen ayuda remota para personas mayores. También existen herramientas educativas personalizadas que apoyan mejor a los estudiantes con dificultades de aprendizaje.

Se deben estudiar otras perspectivas, incluidas las psicológicas, ambientales y varias otras. Además, para cuantificar todos los impactos sociales de la IA, debemos examinar más de cerca el concepto de derechos humanos. El objetivo de la ética de la inteligencia artificial es encontrar variables asociadas a valores universales. Luego, para cuantificar el nivel de responsabilidad asumido por la inteligencia artificial en cualquier aplicación, estas variables deben incorporarse al ciclo de vida de los datos.

¿Alguna vez vamos a pensar en cómo funcionan los algoritmos?

Durante nuestros momentos de vigilia, estimulamos nuestros cerebros de diferentes maneras. A veces planificamos nuestras tareas, a veces calculamos una ruta y algunas veces dialogamos. Estas son actividades cerebrales que los neurólogos pueden representar en forma de interconexiones. Si los algoritmos son similares a nuestra inteligencia, ¿no cambia nuestro pensamiento para parecerse a estos algoritmos en respuesta a nuestras interacciones con ellos?

Nuestro Google Assistant ahora puede responder a todas nuestras preguntas. Además, gracias a Shazam, ya no tenemos que depender de nuestra memoria para recordar el nombre de un cantante o una canción. Miles de imágenes y sugerencias también influyen en nuestros procesos de pensamiento. Facebook nos recuerda nuestras memorias y cumpleaños. Finalmente, Waze organiza nuestros cursos.

Cuando tomamos decisiones, también vemos que parece que estamos promulgando reglas o procesos en lugar de hacer juicios. Dependemos cada vez menos de nuestro discernimiento personal. Además, el acceso constante a la información nos dificulta dar un paso atrás y reflexionar para llegar a una opinión crítica. Nuestro pensamiento se funde entonces en un pensamiento general que nos acompaña constantemente.

Inteligencia

Podemos ver cómo nuestras vidas son cada vez más procedimentales debido a la proliferación de algoritmos en nuestro entorno. Realizamos tareas y anticipamos una recompensa al finalizar, al igual que los algoritmos.

Cuando te das cuenta de que abres una aplicación o sitio web en tu teléfono con la misma acción cada vez, estás pensando como un algoritmo. Cuando ves que todos los platos de tu estante limpio miran hacia afuera y los organizas de la misma manera cada vez que cargas el lavavajillas, estás pensando como un algoritmo para simplificar tu vida. La lista continúa. Si existe la conciencia del algoritmo, podemos estar experimentándola en este momento.

Examinemos primero lo que significa pensar como un algoritmo. Debemos reconocer que existen numerosos tipos de algoritmos y múltiples enfoques para diseñar IA.

La inteligencia artificial simbólica y nuestro pensamiento

La inteligencia artificial simbólica es un campo de estudio que busca crear máquinas capaces de pensamiento abstracto. Pensamos en términos de símbolos (letras, palabras e ideas) y la IA simbólica implica crear computadoras que puedan hacer lo mismo. Aunque sus métodos difieren, todos los investigadores de IA simbólica están tratando de replicar un aspecto clave del pensamiento humano: la manipulación de símbolos.

El proceso de inteligencia artificial simbólica es análogo a la capacidad de abstracción del cerebro humano. A través de un modelo en forma de árbol donde cada hipótesis representaría una hoja, este modelado de arriba hacia abajo de nuestro pensamiento resuelve problemas mediante el uso de conceptos y el análisis de correlaciones entre situaciones familiares.

Esta inteligencia, del tipo cartesiano, es de naturaleza deductiva. De carácter platónico, las ideas preceden al conocimiento. A través de esta forma de inteligencia, nos acercamos al mundo a través del pensamiento discursivo y no intuitivo. Categorizamos los eventos en función de hechos o datos recopilados.

La inteligencia artificial digital y nuestro pensamiento

La inteligencia artificial digital está asociada con la teoría del conexionismo. Esta teoría defiende la idea de que la inteligencia artificial debe inspirarse en el cerebro humano. De acuerdo con este enfoque neurológico, nuestros procesos mentales pueden explicarse por la interacción de unidades simples a través de múltiples niveles neuronales.

> *"La IA del conexionismo es la IA de los sentidos, y la IA simbólica es la IA del significado".*
>
> —David Sadek

La inteligencia artificial digital es una inteligencia artificial de los sentidos ya que se basa en la experimentación y utiliza la inducción para generar hipótesis. Esto se conoce como el enfoque Down-Up. Esta inteligencia es más parecida a la intuición que al razonamiento lógico, y maneja las situaciones ambiguas significativamente mejor.

Este enfoque parece "más adecuado para capturar la naturaleza fluida y probabilística del mundo en el que vivimos y conceptualizamos", como escriben los investigadores Laurent Cervoni, Éric de La Clergerie y

Francis Rousseaux en su artículo, "Réconcilier Les Inteligencias (artificielles)", publicado en Francia por ActuIA.

Posición híbrida

Numerosos trabajos publicados hoy intentan reconciliar los dos tipos de inteligencia. Según los investigadores citados anteriormente, "la contribución de los datos de la herramienta simbólica" permitiría "el acoplamiento con los enfoques probabilísticos y el aprendizaje. Además, el simbolismo no necesariamente tiene que ser diseñado como una superposición de redes neuronales. Estas redes pueden basarse en bases de conocimiento simbólicas. Por lo tanto, las dos inteligencias pueden coexistir. ¿Qué pasa con nuestro pensamiento?

Toma de decisiones y juicios

La pregunta entonces es si nosotros, como individuos, tenemos autonomía de pensamiento. ¿Podemos decir que tomamos decisiones claras y reflexivas dentro de todos los procedimientos? Es así como cuestionamos el libre albedrío y nos damos cuenta de que se pone en juego dentro de los sistemas cognitivos.

Nuestro pensamiento se vuelve sistemático. En las noticias, nuestros juicios están influenciados por ideologías dominantes. Sin embargo, las noticias que recogemos nos han llegado de forma organizada y calculada. Considere los anuncios microdirigidos y las compras sugeridas realizadas mediante el uso de algoritmos.

> *"Estamos avanzando hacia una sociedad en la que los algoritmos les digan a las personas cuáles son sus gustos".*
> —David De Cremer

¿Seguimos siendo capaces de tomar buenas decisiones en este entorno matematizado? ¿No nos estamos convirtiendo simplemente en usuarios dóciles que toman decisiones bajo influencia?

Pero si bien coexisten dos enfoques en la IA, ¿también estamos condicionados por dos formas diferentes de pensar? ¿Tenemos un razonamiento algo discursivo o más bien dialéctico? La dialéctica se acerca más al aprendizaje de prueba y error, como un aprendizaje profundo no supervisado.

Los límites de la analogía

La analogía es un tema fascinante para la investigación. Por otro lado, el pensamiento procedimental nos obliga a tomar decisiones basadas en un conjunto de reglas. Se trata de organizar y categorizar nuestro conocimiento para generar hipótesis.

Entonces, ¿cuál es el orden de nuestro pensamiento conexionista? ¿Es la que, a través de la síntesis, nos proporciona una visión general de una situación específica? ¿Es similar a la intuición, que nos ayuda a reconocer un parecido en una situación desconocida?

Estos dos enfoques distintos nos impiden categorizar nuestro pensamiento como uno de los dos tipos de inteligencia artificial. Como resultado, nuestros pensamientos, que están inextricablemente vinculados a pensamientos más grandes o colectivos, no pueden entenderse fuera de sus interacciones. Por lo tanto, la proceduralización del pensamiento debe ir acompañada de alguna forma de conexión, sin la cual lucharemos por tener una visión holística.

Es difícil decir cuándo pensamos en términos de algoritmos. Por otro lado, algunos se niegan a limitar los avances de la inteligencia artificial a una comparación con el cerebro humano.

> *"La analogía de que el cerebro es como una computadora es peligrosa y bloquea el progreso de la IA".*
> —Pascal Kaufmann

En última instancia, parecería que nuestro pensamiento y sus modalidades están cada vez más intrínsecamente ligadas a la inteligencia artificial. Por un lado, estamos adaptando nuestras capacidades cerebrales a nuestras actividades cada vez más digitales y por otro lado, modelamos procesos cognitivos utilizando varios tipos de algoritmos. Los avances de uno alimentan los avances del otro, ya que la inteligencia humana y la inteligencia artificial están inextricablemente vinculadas.

Entonces, ¿por qué deberíamos preocuparnos por la ética de la IA?

Nos guste o no, la inteligencia artificial se está abriendo camino rápidamente en nuestra vida cotidiana. No se puede negar el poder de la IA como herramienta para el desarrollo humano, y solo lo será más en los próximos años. Mientras que algunos temen que la inteligencia artificial sea perjudicial para la sociedad, otros creen que puede hacer nuestras vidas más fáciles y nuestro planeta más eficiente. Tal vez es por eso que muchos sienten que las decisiones morales tomadas por una máquina de alguna manera deberían mantenerse a un nivel más alto que las tomadas por un humano. A medida que más y más IA entra en nuestras vidas, lo que se vuelve cada vez más importante es establecer quién es responsable de estas decisiones basadas en máquinas.

Tal vez el área donde necesitamos debatir es ¿cómo programamos las IA para tomar decisiones morales? Ciertamente hay mucho margen de mejora. Como todos sabemos, los humanos no siempre toman decisiones sabias cuando se enfrentan a problemas éticos. Entonces, ¿podría ayudar tener una IA pragmática? ¿Qué te parece? ¿Hay espacio para la moralidad sin emociones en la sociedad actual? ¿O debería la tecnología permanecer neutral incluso cuando se trata de máquinas autónomas?

Y si bien es cierto que mucho dependerá de nosotros, también es cierto que mucho depende de los algoritmos. Los sesgos algorítmicos y la responsabilidad algorítmica serán críticos. Podemos decidir fortalecer los sistemas de aprendizaje automático a través de rigurosos procesos de prueba y auditoría. Podemos enseñar a las máquinas a detectar si han tomado una decisión injusta automáticamente. Todavía queda mucho por decidir. Pero no pretendamos que los humanos no tengan un papel que desempeñar en tales decisiones. Aquí no hay cambio de culpa. Se trata de responsabilidad. En otras palabras, se trata de moralidad, incluida la nuestra como humanos.

Seamos realistas: la IA, como cualquier otra tecnología, se puede ver desde dos perspectivas. Por un lado, se utilizará de manera éticamente responsable y por otro lado, se usará de una manera que cause daño, ya sea intencionalmente o no. La forma en que se usa depende completamente de sus creadores.

Por lo tanto, si está construyendo algo con inteligencia artificial en su núcleo, incluso si su objetivo es hacer el bien, debe desarrollar e implementar estándares éticos que informen sus decisiones de diseño. Debes preguntarte en cada paso del camino: ¿Estoy haciendo el bien aquí? ¿Se beneficiarán mis usuarios de lo que estoy creando? ¿Cómo se beneficiarán? Si hay consecuencias no deseadas, ¿cómo puedo minimizarlas sin dejar de lograr mis objetivos? Si no se toman precauciones durante el desarrollo, entonces las consecuencias no deseadas podrían muy bien conducir a efectos nocivos.

CAPÍTULO 2

RESPONSABILIDAD VS TOMA DE DECISIONES

Como seres humanos, no somos ajenos a la toma de decisiones. La mayoría de nuestras elecciones están motivadas por nuestros deseos y necesidades personales. Sin embargo, no todas las opciones son puramente personales. Vivimos en un mundo interconectado donde las decisiones insignificantes tienen consecuencias que van mucho más allá de nuestra propia libertad individual de elección.

Cuando una persona toma una decisión, su libertad de elección se pone a prueba debido a la presencia de una opción. Pueden tomar decisiones por razones personales, éticas o financieras. Al desarrollar varias hipótesis, uno elige una decisión sobre otra.

Nuestras elecciones tienen orígenes muy complejos. Debido a que todos tenemos libre albedrío, nuestras elecciones no están influenciadas por la providencia o las predicciones de comportamiento. Nuestra decisión puede estar influenciada por un impulso, una decisión deliberada, un consentimiento involuntario o incluso una obligación enmascarada.

Las cuestiones éticas de la toma de decisiones autónoma

Autonomía en la toma de decisiones

La ética es la parte de la filosofía que estudia los fundamentos de la moralidad. Para analizar estos fundamentos, la ética utiliza ejemplos concretos de situaciones problemáticas y trata de mostrar los estancamientos y riesgos frente a nuestras elecciones. Al estudiar la complejidad de los dilemas, esta ciencia elabora principios que fluirán en las leyes.

Las decisiones pueden ser insignificantes y tener poco impacto, o pueden poner en peligro la vida de muchas personas. Las decisiones rara vez son perfectas debido a la influencia de numerosos factores internos y externos. Una decisión puede ser influenciada por emociones fugaces, experiencias de vida, religión, afiliación a un partido político o educación, por nombrar algunos. De alguna manera, uno es autónomo porque tiene la capacidad de tomar sus propias decisiones.

En otros niveles, sin embargo, los humanos dependen de los aportes de otros para obtener ayuda para tomar decisiones. Esto puede llevar a la tensión entre la autonomía y la toma de decisiones en algunos instantes cuando la ética entra en juego. Por ejemplo, un anciano podría elegir vivir sus últimos años en casa en lugar de ir a un centro de vida asistida, incluso si eso significa que es más susceptible a las enfermedades cardíacas u otros problemas de salud. Las personas que valoran la independencia verán esa elección como encomiable, ya que él puede sopesar sus opciones y decidir qué opción era la mejor para él. Otra persona con diferentes valores fundamentales puede ver esa misma decisión de manera diferente. Podrían argumentar que fue egoísta no considerar cómo ponerse a sí mismo en primer lugar afectaría a otros cercanos a él.

Cada individuo valora cosas diferentes, pero también debe haber algún nivel de terreno común en el que todos estén de acuerdo. No es fácil encontrar un terreno tan común en el mundo de hoy, donde todos tienen acceso a múltiples fuentes de noticias que atienden solo a sus puntos de vista y opiniones.

Análisis de dilemas

Una persona que toma sus propias decisiones es responsable de ellas y vive con las consecuencias, sean cuales sean. Los robots, las computadoras y otra inteligencia artificial autónoma están comenzando a tomar decisiones y tomar medidas de forma autónoma. ¿Es posible que una máquina, un agente autónomo, tome decisiones inteligentes y racionales exactamente como lo hacen los humanos? Pero, ¿qué sucede cuando la IA necesita tomar una decisión que resulta en daño a otro ser humano? ¿Importa si ese daño es accidental o intencional?

Un dilema interesante es el del maquinista. El conductor debe elegir si desea dirigir su tren en el carril derecho o en el carril izquierdo. En el carril derecho, corre el riesgo de aplastar a varias personas. En el carril izquierdo, corre el riesgo de aplastar a un niño. El conductor debe elegir entre salvar a un niño o salvar a tantas personas como sea posible. De cualquier manera, parece que no hay buenas opciones en ninguno de los casos. El dilema es real porque el conductor soportará una carga sobre su conciencia como resultado de tomar una decisión parcialmente correcta.

En un conflicto armado, ¿elegirán los humanos salvar a tantos niños como sea posible, o harán lo que sea necesario para eliminar a uno de los principales líderes del enemigo? Los seres humanos pueden responder a los dilemas morales considerando ambas opciones y eligiendo la opción más importante para ellos. ¿Qué pasa con las máquinas? ¿Cómo sabrían qué decisión era la más importante? ¿Cómo lidia una máquina autónoma con tales dilemas?

En tal dilema, la inteligencia artificial parece ser un recurso inesperado. El conductor, o inteligencia artificial, elegirá en función del programa a partir del cual se construya. No tiene ninguna duda moral. No lo dudará. Su proceso no se ralentiza, y decide en función de la ruta que mejor cumpla con los requisitos de su código. El sistema, a diferencia del individuo, no tendrá que vivir con la carga de su elección. La automatización de la toma de decisiones se convierte en una marca de progreso en tales casos.

La autonomía y el coste de la decisión

La toma de decisiones automatizada se refiere al proceso de toma de decisiones llevado a cabo completamente por sistemas automatizados sin intervención humana. Los sistemas inteligentes toman decisiones desde el momento en que se les da a elegir. Estas decisiones se basan en datos del mundo real, perfiles digitales o datos anecdóticos.

Los algoritmos no son autónomos de la misma manera que un humano es autónomo. La parte moral de su elección no afecta sus decisiones. Esta sección está preprogramada, mientras que, para nosotros, está determinada por una variedad de factores que nos afectan y varían de persona a persona. Los sistemas inteligentes son más autónomos que los humanos porque no se ven afectados por la duda moral. Aun así, son menos autónomos porque sus decisiones han sido preprogramadas, lo que implica que están completamente predeterminadas. Los sistemas inteligentes son autónomos porque pueden sentir su entorno y elegir una acción específica en función de su situación actual.

Elección y clasificación

Hay varias etapas involucradas en la implementación de un sistema. Por ejemplo, es posible que un modelo deba cumplir los requisitos de interpretabilidad. En un análisis de viabilidad, no hay garantía de que la población típica utilizada en el diseño de un modelo de aprendizaje automático corresponda a la población que posteriormente afectará al despliegue del sistema. La generalización no siempre es el mejor curso de acción. La selección de las operaciones no siempre se considera en su totalidad. Además, las IA porque están diseñadas por humanos, heredan cualquier defecto e inclinación que pueda estar en la mente de su diseñador humano. La toma de decisiones automatizada necesariamente enfrenta el riesgo de varios factores.

En el momento del proceso de diseño del sistema, se debe prestar especial atención al principio de clasificación porque determina la elección de las categorías que llevarán a cabo las acciones, la elección de los operadores. La toma de decisiones en IA es, por lo tanto, un tema esencial de abordar en la ética de la IA.

¿Estamos listos para ser juzgados por un robot?

La idea de que un juez robot juzgue las acciones humanas puede parecer descabellada, pero dada la rapidez con la que se está desarrollando la tecnología, es posible que no estemos tan lejos de esa realidad. Y eso plantea preocupaciones éticas en torno a la responsabilidad y la toma de decisiones: ¿podrían los robots ser responsables de sus acciones? La respuesta parecería ser sí, pero hay muchas áreas grises, como muchas otras, que involucran la ética y la inteligencia artificial.

En muchos aspectos, los sistemas de IA pueden tomar decisiones más precisas que los humanos; después de todo, las computadoras no permiten que la emoción o el sesgo personal nublen su juicio. Pero de otras maneras, la IA no puede replicar exactamente lo que hacen los humanos al tomar decisiones. Por ejemplo, una IA podría saber qué factores contribuyeron a un resultado, pero no está claro si entiende por qué esos factores son importantes y por qué un resultado es mejor que otro.

¡El código civil no debería ser tan extraño como pensamos en el lenguaje codificado porque ya es un código! Podemos imaginar muy bien un robot que ha almacenado todas las leyes y tiene la tarea de interpretarlas y resolver disputas. Aún mejor, el aprendizaje automático le permitiría mejorar instantáneamente su conocimiento de las leyes basadas en casos previamente registrados, un viaje al corazón de la automatización del sistema de justicia.

Digitalización de archivos

Todos los sectores están experimentando una transformación digital, y el poder judicial no es una excepción. La digitalización de documentos parece ser el primer paso que se está dando en Quebec. En 2018, la justicia recibió $500 millones por la digitalización de sus registros. Esta es la etapa de adquisición de datos, un componente necesario del ciclo de vida de los datos.

Los datos pueden tener un impacto en cada etapa de su ciclo de vida. Una vez digitalizada, la información en los archivos se utiliza cuando se accede, se usa, almacena, transfiere y destruye los datos. La información luego fluye entre la policía, los fiscales y los abogados defensores.

Automatización de procedimientos

A partir de estos datos, la inteligencia artificial (IA) tiene el potencial de mejorar ciertos aspectos de la justicia. Por ejemplo, en la justicia penal, las aplicaciones pueden ayudar a denunciar delitos en casos de libertad provisional, condenas e incluso libertad condicional.

> *"El 23% del trabajo realizado por los abogados puede ser automatizado por la tecnología existente".*
> —McKinsey

Hoy en día, la inteligencia artificial permite que el software escanee documentos legales, organice las comunicaciones y localice rápidamente los casos relevantes para los abogados. Se podrían establecer jueces asistidos por inteligencia artificial en Quebec en casos civiles que involucren reclamos menores.

Algunas empresas en el Reino Unido ofrecen aplicaciones inteligentes que pueden cubrir:

- Revisión de documentos de IA
- Automatización de documentos
- Acceso a plataformas de producción por contrato
- "Bots de la ley"

Estos famosos robots legales están más extendidos de lo que pensamos. Algunos programas ofrecen servicios para realizar de manera automatizada las siguientes "funciones": *"atacar a las empresas"*, *"vencer a la burocracia"*, *"encontrar dinero oculto"* o *"demandar a cualquiera"*.

Neutralidad de la IA

El beneficio más obvio de las innovaciones de IA en el campo de la justicia es la esperanza de una neutralidad total. Uno puede imaginar un poder judicial limpio de toda corrupción y verdaderamente imparcial. Vemos entonces una mejora en la toma de decisiones gracias a la automatización. ¿Podrían los nuevos procesos automatizados poner fin a la corrupción legal?

Si bien los procesos legales beneficiosos y automatizados generan preocupaciones éticas sobre la justicia. Esto obviamente depende de cómo se codifique la justicia. Las cuestiones éticas deben estar en el centro de las decisiones para evitar reproducir sesgos culturales que pueden conducir, por ejemplo, a la discriminación racial. Conocemos las implicaciones negativas de algunas aplicaciones de elaboración de perfiles policiales.

La dimensión humana

La dimensión psicológica de la justicia parece ser un obstáculo para la automatización. Cuando se le preguntó sobre esto, Mr. Stéphane Harel enfatiza la importancia de mantener actitudes estrictamente humanas a lo largo de una súplica.

> *"Sombra de duda es un concepto complejo que es casi arte, dada su dimensión psicológica intrínseca".*
>
> –Sr. Stéphane Harel

Una máquina, por ejemplo, sería incapaz de detectar el remordimiento de un acusado. De hecho, el contrainterrogatorio se está convirtiendo en una parte más crítica de los procedimientos en curso. Se presta especial atención a los elementos visuales. Además, la teatralidad de los motivos refuerza el juicio. Una persona en el banquillo de acusado está bajo un fuerte escrutinio. Sus palabras y acciones son escrutadas. Todos los elementos son vigilados de cerca, incluyendo cómo responden a la acusación en su contra y si expresan arrepentimiento por sus acciones.

El Sr. Harel señala que los contrainterrogatorios en modo virtual son mucho más débiles que en persona. La evaluación del juez de la credibilidad del testimonio parece requerir una dirección específicamente humana.

> *"¡Los seres humanos quieren ser juzgados por sus compañeros!"*
>
> –Sr. Stéphane Harel

Sus observaciones nos ayudan a comprender toda la dimensión humana de la justicia al tiempo que revelan los límites de la IA. El sentido de la justicia es un componente fundamental que nos conecta con nuestra propia conciencia, un campo que la IA aún no ha explorado. Actualmente es difícil imaginar ser juzgado por un robot. ¿Aceptarán los humanos juicios automatizados sobre sí mismos? El debate está abierto. ¿Qué te parece?

¿De qué puede ser responsable un cyborg?

Un cyborg es un híbrido hombre-máquina. El cyborg no es un androide ni un humanoide. Es un humano aumentado mecánicamente. Tampoco es un objeto de ciencia ficción. Los cyborgs realmente existen y pronto serán parte de nuestra vida cotidiana. La ciberología ya se enseña en algunas universidades.

Los humanos mejorados con inteligencia artificial pueden automatizar sus propias funciones cerebrales. Pueden modificar su rendimiento intelectual y hacerlo accesible para el aprendizaje automático. Así, ya sea en forma de implantes o prótesis, el transhumanismo parece estar presente.

"Por ahora, el objetivo es controlar un teléfono inteligente a través del pensamiento, pero la tecnología podría expandirse a otros dispositivos de manera que cree una cognición sobrehumana".

—Elon Musk

La máquina como extensión de lo humano

El cyborg es la representación física de la tecnología como una extensión del ser humano. El desarrollo de herramientas e innovaciones tecnológicas ya no se considera un producto externo a nosotros. El cyborg es una auto-extensión. En términos de moral, la externalización tecnológica nos ha permitido justificar la inocencia de la tecnología de alguna manera. Sin embargo, Bruno Latour, profesor asociado emérito del medialab de Sciences Po (Francia), nos lleva a considerar esta distinción errónea entre medios y fines.

Por un lado, los medios tecnológicos han cambiado los fines inicialmente planteados. Los fines representan los valores contenidos en nuestras metas, en otras palabras, las intenciones. El progreso nos hace ir a la deriva porque nos cambiamos a nosotros mismos a través de él.

"No más que técnica, la moralidad es humana, en el sentido de que vendría de un humano ya entrenado y dueño de sí mismo".

—Bruno Latour

Por otro lado, Latour explica por qué las cuestiones morales están en el centro de la tecnología. Él enfatiza el hecho de que deseamos ser maestros y poseedores de la naturaleza, pero no tenemos un control completo.

El lugar de la ética

Muchos científicos piensan que los desarrollos tecnológicos darán como resultado que cada vez más humanos se conviertan en parte robot para aumentar sus capacidades cognitivas, por lo que parece razonable preguntarse de qué podrían ser responsables estos cyborgs. ¿Dónde trazamos nuestros límites éticos cuando se trata de crear mentes?

Para las cuestiones morales, si una técnica es una extensión de uno mismo, los objetos técnicos deben tener objetivos moralmente buenos. Pero, como los fines iniciales se alteran constantemente por medios técnicos, es necesario poder revisar los objetivos iniciales. La ética tiene el deber de evaluar los valores incluidos en los sistemas para conocer las desviaciones.

A menudo escuchamos, durante un escándalo, que (por ejemplo) la intención original no era llegar a un arma de guerra. Entonces, evaluemos cómo cambian las intenciones a medida que se hacen las innovaciones.

> *"Los transhumanistas asumen que lo que hace que las decisiones sean legítimas es que reflejan los valores y prioridades de sus tomadores de decisiones".*
>
> –Susan B. Levin

Los objetos tecnológicos ya no pueden ser inocentes porque son una extensión de nosotros mismos. Por otro lado, el fabricante no puede soportar toda la carga de las consecuencias negativas de su producto. El producto sigue una trayectoria indefinida. Entonces, en esta zona gris, todo vale. Pero la ausencia de leyes no debe conducir a desastres humanitarios.

Supongamos, por ejemplo, que el único valor y prioridad de un fabricante es el utilitarismo. Su producto sería entonces legítimo simplemente porque maximiza los bienes materiales de la sociedad, independientemente de otras consecuencias. Esto plantea la cuestión de la responsabilidad. Y si hablamos de responsabilidad en inteligencia artificial, tenemos que entender que necesitamos establecer estándares en un contexto constantemente en evolución.

Ejemplos de cyborgs

Los primeros cyborgs de la historia fueron diseñados puramente con fines médicos. Estos incluyen marcapasos y otros reemplazos biónicos destinados a ayudar a los humanos a recuperar la funcionalidad después de una lesión o enfermedad. Hoy en día, sin embargo, este tipo de tecnología cyborg es mucho más avanzada y mucho más común de lo que creemos.

Salud

Las técnicas para tratar a los amputados de guerra han evolucionado a través de técnicas cibernéticas. Los algoritmos automatizan y aumentan los comandos cerebrales. Los amputados que se benefician de este tipo de prótesis recuperan su capacidad para caminar, agarrar sus manos y realizar otras funciones corporales.

Uno de los primeros cyborgs fue Neil Harbisson. Este hombre nació con acromatopsia. Esta es una deficiencia completa de la visión del color. Como cyborg, ahora es capaz de ver los colores. Se le implanta un "ojo", llamado *eyeborg*, que traduce los colores en sonidos, gracias a variaciones en ondas musicales. Escucha los matices, e incluso le sucede literalmente, soñar en colores. Incluso puede sentir la luz infrarroja y ultravioleta, lo que le permite escuchar colores que no son visibles para los ojos humanos.

Otro cyborg precursor es Jesse Sullivan. Es un amputado de guerra que perdió su brazo. Gracias a una mano biónica conectada a su sistema nervioso, este "cyborg" puede controlar su brazo desde su propio cerebro. Jesse Sullivan incluso siente calor, frío e incluso la presión física de su muñeca amputada.

> *"Los monos, conectados, son capaces de pensar juntos y cooperar bajo control".* —Jessica Hamzelou

Incluso llegamos hasta una forma de telepatía, gracias a los implantes. Se han realizado experimentos en animales y ahora están en marcha en humanos para "conectar" varios cerebros juntos.

Una herramienta de guerra

Por supuesto, los militares están a la vanguardia con estas tecnologías. Mientras que los drones se están desarrollando para convertirse en autónomos, los procesos para mejorar el poder de un humano se están moviendo en la misma dirección.

En el Foro Económico de 2021 en Davos, una discusión sobre el futuro de los cyborgs planteó preocupaciones éticas. Se habló de soldados que recibían implantes de retina para mejorar su visión. La primera cuestión ética se refería, sobre todo, a las libertades individuales de los soldados. La cuestión principal que surgió fue la de la integridad personal.

> *"Entre las preguntas sobre los cyborgs está la de su llegada a los campos de batalla".* —Morada de Yohan

Aunque esta pregunta es importante para los soldados, también es necesario cuestionar los impactos sociales relacionados con el desarrollo de tales cyborgs de guerra. Por ejemplo, la cuestión de quién asumiría la responsabilidad de las acciones estuvo completamente ausente durante este intercambio.

La técnica no se hace responsable de sus consecuencias. En cambio, los objetos técnicos se vuelven responsables. Un ser humano que tiene un implante que le permite leer información de otro cerebro se transforma en algo más. Es por eso que su moralidad también debe ser mejorada.

CAPÍTULO 3

SESGO Y DISCRIMINACIÓN SISTÉMICA

Cuando escuchamos la palabra "perfiles", inmediatamente pensamos en sus connotaciones negativas y su función discriminatoria. En criminología, es una técnica policial que consiste en reproducir el perfil psicológico de un individuo utilizando los datos recopilados. La práctica se remonta al menos a 1896, cuando fue utilizada por la policía francesa que investigaba una serie de asesinatos. Sin embargo, incluso entonces, muchos consideraron que el perfil racial era moralmente dudoso. Los criminólogos argumentaron que estaría sesgado por la naturaleza. De hecho, algunos argumentaron que sería altamente discriminatorio porque usaba características humanas para predecir cómo actúan los criminales.

En ciencias e ingeniería informática, la elaboración de perfiles se refiere a los algoritmos utilizados para analizar grandes cantidades de datos. Si bien los sistemas de inteligencia artificial (IA) han dependido durante mucho tiempo de los análisis estadísticos para tomar decisiones, la IA ahora también se puede entrenar para recopilar información específica de ciertos perfiles. Este avance plantea algunas preguntas interesantes sobre lo que pensamos de la discriminación. Por ejemplo, si un sistema de IA lo selecciona para una detección adicional porque se parece a otra persona que tiene antecedentes penales, ¿es eso discriminatorio? La elaboración de perfiles de IA también se utiliza en sistemas automatizados de calificación crediticia, entre otros usos.

Solo podemos imaginar lo rápido que ha avanzado la elaboración de perfiles como resultado de la inteligencia artificial. Además, vemos que esta técnica ya no está reservada solo para el campo de la criminología. Considere las técnicas de reconocimiento facial o simplemente el creciente dominio de los datos. A medida que la IA avanza a un ritmo cada vez mayor, comprender sus limitaciones será más crítico que nunca.

Sesgos sistémicos

Es inevitable establecer paralelismos con la sistematicidad. Cuanto más se codifica la elaboración de perfiles en forma de algoritmos, más sistemático se vuelve. Además, cuanto más se consuman las características psicológicas de un individuo, más preciso será el etiquetado. El sesgo de medición puede ocurrir al elegir o recopilar datos, pero ocurre principalmente en el diseño de características informáticas que se relacionan con el aprendizaje automático y la predicción. Elegir qué etiqueta usar en un problema específico de predicción algorítmica puede tener consecuencias inimaginables.

Es por eso que necesitamos transparencia en cómo funcionan estos sistemas. No se trata solo de evitar resultados sesgados debido a malos conjuntos de entrenamiento o conjuntos de datos. También puede haber una subrepresentación de ciertas variables que pueden afectar las decisiones, incluso si sus programadores no las pretendían.

"Se hace demasiado hincapié en la gobernanza de la recopilación de datos y muy poco en cómo se evalúan".
–Sandra Wachter y Brent Mittelstadt

El sesgo sistémico ocurre cuando una política o procedimiento se ha introducido involuntariamente, de tal manera que conduce a un resultado que no encaja con lo que se pretendía inicialmente. Esto sucede debido a cómo está estructurada esa institución o sistema y, por lo tanto, cómo funciona, o porque incorpora reglas explícitas que conducen al sesgo. Por ejemplo, considere la política de admisiones de una universidad. Si permitiera explícitamente que algunos grupos raciales se postularan, pero no a otros, eso sería una clara discriminación e ilegal. Pero, ¿qué pasaría si diera ayuda financiera solo a estudiantes nacionales? Eso perjudicaría a los solicitantes extranjeros y también podría poner a los estudiantes internacionales en desventaja. Ellos tendrían que pagar más por la universidad que los ciudadanos nacionales y los residentes permanentes. Y así, los sesgos sistémicos a menudo surgen por accidente en lugar de diseño, por ignorancia en lugar de malicia.

Estos sesgos se amplifican cuando se introducen en los sistemas de inteligencia artificial desde que los humanos fabrican IA. Un sistema entrenado en el aprendizaje automático aprenderá de sus propios datos de entrenamiento. Si sus datos de entrenamiento tienen sesgos raciales o de género, entonces ese modelo de aprendizaje automático tendrá esos mismos sesgos. Y si los sistemas de IA comienzan a tomar decisiones, es probable que lo hagan de manera que reflejen, e incluso exacerben esos prejuicios.

Las noticias han expuesto la existencia de un software de recursos humanos de una empresa de renombre (que evitamos nombrar en aras de la imparcialidad), que contiene un sesgo importante en su etiquetado. Sin querer, al promover una cuantificación del número de palabras en un currículum, descubrieron una fuerte ventaja sobre la posición de los currículums masculinos. Debido a sus responsabilidades familiares, los CV de las mujeres suelen ser más cortos por su participación estadísticamente menor en el mercado laboral (visible). El número de palabras, por lo tanto, determinó un predominio masculino sobre las mujeres. De hecho, parece que esta inclinación apareció en el momento del etiquetado del número de palabras. Sin embargo, el número de palabras, básicamente, es un dato completamente neutral. Pero, ¿estamos seguros de eso?

Con el aprendizaje automático, la predicción y la toma de decisiones automatizada, en otras palabras, con la inteligencia que importamos a nuestros sistemas, los datos ya no pueden considerarse completamente neutrales. Es, en gran parte, el papel de la ética en la inteligencia artificial afirmar esta potencial no neutralidad de los datos.

Neutralidad o ausencia de perfiles

Al analizar el ciclo de vida de la inteligencia artificial, es necesario considerar el impacto social asociado a cada etapa de la producción. La primera acción concertada consiste en regular el calendario de recopilación o adquisición de datos. Sin embargo, esta fase es solo un momento dentro del ciclo de vida de los datos de un proyecto de inteligencia artificial. Hay al menos siete fases, que son:

- Desarrollo de negocios y casos de uso.
- Fase de diseño.
- Formación y adquisición de datos.
- Edificación.
- Ensayo.
- Usos.
- Control (monitoreo).

En cada una de estas fases, los datos interactúan entre sí, aprenden unos de otros y su función no puede considerarse neutral. ¿Por qué? Porque los datos llevan etiquetas dinámicas que provienen de nuestros juicios o preferencias subjetivas. Esta elección de atribución de valor o etiqueta puede ser transparente y explicable, pero no necesariamente será justa y responsable hacia los individuos o la sociedad en general.

La psicología, las matemáticas y la ética son campos de especialización que a veces parecen chocar. Sin embargo, para minimizar las consecuencias negativas, deben trabajar juntos para supervisar los proyectos de inteligencia artificial y analizar conjuntamente cada fase de dichos proyectos.

Análisis de comportamiento

En el caso específico de la elaboración de perfiles, vemos una explosión o incluso el descubrimiento de sesgos ocultos en los juicios y la toma de decisiones automatizada. Sea voluntaria o no, consciente o no, la parte humana tiene defectos, y la digital, en virtud de su obligación de transparencia, revela nuestras intenciones económicas y políticas. Supongamos que la elaboración de perfiles es discriminatoria de manera sistémica. En ese caso, es porque parece provenir de juicios subjetivos o deducciones en relación con datos específicos sobre, por ejemplo, el color de la piel, el sexo o la etnia en general de los individuos (o nuestra identidad digital).

La elaboración de perfiles, en general, tiene la función de analizar, deducir y predecir comportamientos típicos relacionados con un individuo o una población objetivo en forma de categorización o etiquetado. Este proceso de etiquetado ocurre, entre otras cosas, durante la construcción de un sistema de información. Sin embargo, el análisis aquí no siempre se basa en el comportamiento real. La mayoría de las veces, esto es un comportamiento inferido. Por lo tanto, tenemos derecho a preguntarnos: "¿Sobre qué base podemos predecir o deducir el comportamiento de un individuo?" Otra cuestión importante sería preguntarnos qué criterio de evaluación permite programar, deducir y predecir el comportamiento de una máquina inteligente, al mismo tiempo.

"Los llamados a la rendición de cuentas en el análisis de big data están impulsados por una preocupación común: las inferencias de características y datos dispares y, a menudo, no intuitivos dictan cada vez más las decisiones sobre las personas".
—Sandra Wachter y Brent Mittelstadt

Los casos de elaboración de perfiles discriminatorios son comunes. No olvidemos que el alcance ético de los datos ya no puede limitarse al momento de la recopilación de información. El análisis debe ser mucho más exhaustivo. Las diferentes ciencias son interdependientes en los proyectos de IA, y para ser éticamente robustas, la ciencia de la ética debe integrarse en el proceso. Una aplicación de perfiles bien diseñada creada por personas bien intencionadas puede tener consecuencias negativas de gran alcance para la sociedad. Siendo, a fin de cuentas, no tan artificial, la IA contiene, entre otras cosas, nuestras imperfecciones y nuestras malas decisiones.

Acerca del sesgo y los algoritmos

Los estudios de neurociencia han identificado entre 200 y 300 sesgos cognitivos humanos. ¿Vamos a multiplicar por diez este repertorio con inteligencia aumentada? ¿O lo vamos a arreglar en su lugar? Lo más importante, ¿por qué la inteligencia artificial se asocia con sesgos?

Los algoritmos tienen el potencial de introducir sesgos o discriminación sistémica en nuestra vida cotidiana, ya sean sistemas de IA destinados a tomar decisiones de contratación o asistentes personales destinados a ayudarnos a elegir ropa que coincida con nuestro estilo. En esencia, los algoritmos son solo ecuaciones matemáticas que han sido alimentadas con suficientes datos para tomar decisiones basadas en la información introducida. No son inherentemente sesgados, pero lo que entra en esas ecuaciones puede serlo, y a menudo lo es.

Todos nosotros estamos expuestos a muchos sesgos, seamos o no conscientes de ellos. Los humanos aprenden de las interacciones sociales y la exposición a los medios de comunicación. Estas experiencias pueden influir en nosotros de maneras que no siempre son evidentes. Por ejemplo, mientras usted crecía, es posible que haya aprendido a asociar a las mujeres con tareas domésticas como cocinar o limpiar, algo en lo que la mayoría de los niños no piensan porque es común. O tal vez le enseñaron que ciertos tonos de piel eran mejores que otros, lo que parece completamente natural debido a lo que la sociedad nos enseña. Esto también es cierto para las máquinas. Supongamos que la inteligencia artificial recibe imágenes de personas de piel clara sobre personas de piel oscura cuando aprenden a identificar objetos. En ese caso, probablemente estará sesgado hacia las personas de piel clara al tomar decisiones futuras sin que se les diga lo contrario.

Un sesgo es una desviación, distorsión o un error inicial. Puede ser una fuente de discriminación, por ejemplo, en casos de elaboración selectiva de perfiles. Debemos considerar los mecanismos por los cuales surgen los sesgos dentro de los algoritmos. ¿Es posible evitarlos o, al menos, corregirlos? ¿Deberíamos examinar la "equidad" de los algoritmos a lo largo de todo el ciclo de vida de los datos?

> *"La clasificación, clasificación y selección de información de un algoritmo debe ser justa".*
> – Patrice Bertail, David Bounie, Stephan Clémençon y Patrick Waelbroeck.

En el artículo: *¿Qué significa la equidad en la IA?* Publicado en *Forbes*, Morgan Gregory distingue tres formas en que los algoritmos están sesgados. Esta distinción permite comprender mejor ciertos mecanismos:

- Los conjuntos de datos utilizados para el aprendizaje automático no son *suficientemente representativos*.
- Los datos de entrenamiento contienen *prejuicios* o preferencias injustificadas, conscientes o no.
- La elección de las *llamadas funciones objetivas* se hizo mal desde el principio.

Sesgos estadísticos: no representativos

El sesgo estadístico es un tipo particular de error de datos que conduce a resultados y conclusiones falsos. Los sesgos estadísticos comúnmente provienen de dos causas fundamentales: el sesgo de la muestra y los errores de medición. Las mediciones inexactas o los tamaños de muestra pequeños pueden dar lugar a información engañosa sobre una población. Por ejemplo, si estuvieras estudiando las tasas de obesidad entre los hombres mirando solo a los culturistas masculinos (que tienen tasas de obesidad anormalmente altas), terminarías con una conclusión inexacta sobre la obesidad y los hombres en general. A continuación se analizan ejemplos comunes de sesgo estadístico.

Datos deficientes

La mejor manera de conceptualizar este tipo de sesgo es a través de la expresión "garbage in, garbage out". En otras palabras, si los datos son insuficientes y carecen de significado, entonces los algoritmos son complementariamente falsos. El peligro es que un algoritmo puede parecer que produce resultados convincentes, aunque su fuente es completamente poco confiable. Desde este ángulo, se pueden analizar supuestas noticias falsas.

Variables omitidas

Ciertos tipos de datos son más difíciles de recopilar que otros. Los datos cuantitativos sobre componentes emocionales como el carácter de una persona aún son difíciles de obtener. Sin excluir la posibilidad de que esto sea más alcanzable en el futuro, este tipo de datos cualitativos y cuantitativos son cada vez más importantes en el software de contratación de recursos humanos. Según Morgan Gregory, las variables críticas como el liderazgo pueden estar oscurecidas.

Sesgos de selección

En el análisis estadístico de una población, un algoritmo utiliza los datos que se le proporcionan. En ausencia de una guía, simplemente utiliza los datos disponibles. En algunos casos, no hay datos estadísticos en absoluto. Aunque el censo no es nuevo, la complejidad de los datos que tenemos sobre las generaciones actuales es inmensamente mayor que la de las generaciones pasadas. ¿Qué sabe realmente Google sobre nuestros antepasados?

Sesgos cognitivos – prejuicios del pasado

Tres investigadores de la UQAM reflexionaron recientemente sobre los sesgos cognitivos y desarrollaron un repertorio interactivo. Es imperativo analizar los orígenes de los sesgos cognitivos para combatir cualquier tipo de racismo sistémico. Uno de los autores, Cloé Gratton, señala que los debates actuales sobre la credibilidad de la ciencia están vinculados a sesgos cognitivos.

Cuando se trata de algoritmos de programación, los datos recopilados pueden contener sesgos, ya sean conscientes o no. La inteligencia artificial puede conducir a una forma de discriminación contra una determinada población.

Sesgos cognitivos de repetición

Un sesgo de repetición es fácilmente comprensible si consideramos, por ejemplo, el valor de la información según su frecuencia. Podemos pensar en el concepto de *"carro de banda musical"* o "oveja de Parnurge". El juicio de un individuo se basa en el mayor número de opiniones sobre un tema. Este comportamiento de rebaño puede llevar a un programador a seguir modelos populares sin garantizar su precisión.

> *"Declaraciones o declaraciones, incluso falsas, terminaron ganando el apoyo de varias personas a fuerza de repetirse".*
>
> –Cloé Gratton

Sesgos cognitivos de confirmación

Estos son los sesgos cognitivos más prevalentes. El término "sesgo de confirmación" se refiere a la tendencia a favorecer la información que confirma las propias opiniones, creencias o valores. Este sesgo da como resultado que las personas desacrediten y, a veces, ignoren los puntos de vista opuestos. En las redes sociales, Cloé Gratton explica: "Los individuos prefieren los intercambios con otros que comparten sus intereses y tienen opiniones similares".

Estos sesgos cognitivos pueden hacer que un programador favorezca su propia visión del mundo a pesar del hecho de que los datos disponibles pueden contradecirla.

Sesgo cognitivo estereotipado

Estos son los prejuicios que se tienen contra un segmento particular de la población. Estas sentencias con frecuencia provienen de un contexto que favoreció la discriminación en el pasado. Es una distorsión que ocurre a través de razas, géneros, culturas y religiones cuando un individuo actúa en referencia al grupo social con el que se identifica más fuertemente.

En el lugar de trabajo, el rendimiento individual puede disminuir cuando las personas piensan que están siendo juzgadas en función de estereotipos negativos. Los algoritmos pueden contener clasificaciones basadas en el sesgo. Sean conscientes o no.

Sesgos económicos: intereses desviados

Económicamente hablando, debemos entender cualquier aplicación que nos obligue a comprar productos independientemente de nuestros propios deseos. Por ejemplo, Google fue multado con 3.500 millones de dólares en 2017 por favorecer sus propios productos sobre los de los competidores en los resultados de búsqueda de Google Shopping.

Identificar los sesgos es una cosa; evitarlos es otra. Desafortunadamente, el trabajo sobre los sesgos es a largo plazo. Antes de profundizar en el funcionamiento interno de los algoritmos, debemos examinar las motivaciones humanas detrás de los proyectos de inteligencia artificial. En otras palabras, es fundamental comprender qué se está integrando en un algoritmo antes de limpiarlo.

Por lo tanto, la investigación sobre el sesgo debe hacerse previo a los proyectos, y es imperativo evitar cualquier sistematización de nuestras deficiencias.

Desafíos de la IA 2022: hacia una inteligencia artificial inclusiva centrada en el ser humano

¿Puede la inteligencia artificial ser sexista o racista?

Uno podría imaginar que los programas que están diseñados para emular la naturaleza humana serían perfectos para replicar el diálogo racional. Sin embargo, la investigación muestra lo contrario. Uno de estos programas tuvo millones de interacciones con personas en línea antes de que comenzara a desarrollar respuestas extrañas. En 2016, el chatbot Tay de Microsoft fue una prueba de concepto para el aprendizaje automático y el procesamiento del lenguaje natural (PNL). Buscaba dilucidar el compromiso social de los humanos durante las conversaciones digitales. El agente conversacional tuvo que aprender a conversar como un humano a través de discusiones. Muy pronto, los desarrolladores de Tay se encontraron con un problema. Tay aprendió formas de hablar inapropiadas o francamente ofensivas, lo que causó problemas porque publicó esas opiniones públicamente sin darse cuenta de lo que estaba haciendo mal. Desarrolló comentarios sesgados, sexistas, racistas y politizados en Twitter en menos de un día. Fue eliminado inmediatamente de Internet después de este fallo.

Este ejemplo demuestra cómo los sesgos humanos pueden engañar a las máquinas y cómo los datos están naturalmente sesgados. Ilustra aún más la necesidad de controlar y evaluar los datos a lo largo de su vida útil para que la inteligencia artificial no haga nada dañino o irresponsable.

El control y la evaluación de los datos a lo largo de su ciclo de vida es uno de los desafíos de la IA para 2022.

Biasly AI: una herramienta para combatir los prejuicios

Este software se encuentra actualmente en desarrollo en el Instituto Mila de Inteligencia Artificial en Quebec. Biasly AI analiza el texto en línea utilizando algoritmos de procesamiento de lenguaje natural (PNL). La aplicación identifica sesgos de género (o sexistas) dentro de las conversaciones utilizando una taxonomía desarrollada por investigadores de Mila. Como resultado, detecta los sesgos conscientes e inconscientes de los usuarios e incluso elimina los sesgos inherentes a ciertas oraciones inapropiadas.

Otros elementos, como una taxonomía de sesgos raciales, se incorporarán en el prototipo de software Biasly AI para ayudar a identificar estas inclinaciones. La aplicación podría ser beneficiosa para los sistemas de reclutamiento, foros de discusión o cualquier otra plataforma social.

Injusticia algorítmica: despidos automatizados

En el mundo del trabajo, y particularmente en el proceso de reclutamiento, es fundamental protegerse contra lo que ahora se conoce como "injusticia algorítmica". Consideremos el caso de Xsolla, una empresa que se especializa en servicios de pago. En agosto de 2021, 150 empleados en Rusia fueron despedidos, según lo recomendado por su software. ¡La IA ha tomado una decisión significativa!

El comportamiento de los empleados se evaluó automáticamente en función de su actividad en Jira, Confluence, Gmail, chats, documentos y paneles. Algunos fueron clasificados como improductivos y desconectados por la IA. En cualquier caso, los empleados no fueron informados de este método de evaluación.

El desafío de la IA de 2022 en esta área será más transparente sobre los métodos de evaluación basados en IA para demostrar su objetividad. Por otro lado, para evitar la injusticia algorítmica, será necesario evitar sobreestimar los datos cuantitativos en comparación con los datos cualitativos y realizar un análisis más exhaustivo de la interacción.

El desafío del control: ¿quién controla la IA?

Aunque pedimos regulaciones y más supervisión en términos de IA, el problema del monopolio GAFAM limita su control. Entonces, ¿quién gobernará la IA: estadistas o corporaciones? Y, en última instancia, ¿cuánto poder tenemos como individuos?

Según la Sra. Gabriela Ramos, Subdirectora General de Ciencias Sociales y Humanas de la UNESCO, "solo 250 empresas representan el 72% de la I+D en IA, el 71% de las publicaciones, el 65% de las patentes y el 42% de las marcas registradas".

Según un artículo en los medios franceses, La Finance pour Tous, "Solo Google representa más del 90% de las consultas en Internet en todo el mundo, YouTube se ve mucho más que cualquier canal de televisión y Facebook, mientras tanto, totalizó más de 2.700 millones de usuarios activos mensuales en octubre de 2020.

El desafío de 2022 para la IA será una mejor distribución entre los ciudadanos y una mejor accesibilidad y gobernanza. La oportunidad económica de la IA parece favorecer a los gigantes, y será cuestión de evitar más desigualdades de crecimiento.

Compromiso con la inteligencia artificial inclusiva

La IA deberá ser más inclusiva e imparcial en nombre de los desarrolladores, usuarios, inversores y gobiernos. Sin embargo, ¿cómo se logrará esto? Por un lado, se requerirá que la sociedad y todos los individuos contribuyan al ecosistema de IA para garantizar que se escuche la voz de todos. Por otro lado, la gobernanza de la IA tendrá que estar centrada en el ser humano.

La aceptabilidad social de la inteligencia artificial

Según Benjamin Prud'homme, director ejecutivo del programa "AI for Humanity" del instituto de investigación MILA, se deben perseguir cuatro objetivos para aumentar la aceptabilidad social de la IA:

1. Fomentar la alfabetización en IA a través de la educación.
2. Desarrollar una narrativa que destaque los beneficios de la IA.
3. Crear políticas públicas para apoyar proyectos de IA.
4. Garantizar una IA inclusiva.

Según él, la adopción de la IA ocurrirá en etapas, comenzando con una transición de la ética a la ley, seguida de una transición de estos principios a la aplicación técnica.

La Declaración de Montreal estableció principios para guiar el desarrollo de la inteligencia artificial hacia una mayor responsabilidad, inclusión y explicabilidad. Además, fomenta el uso de un lenguaje común en el ejercicio ético que requiere la IA.

Se debe promulgar legislación para dar a los usuarios de software más control, como el artículo 22 del GDPR, que establece que cualquier ciudadano puede impugnar la decisión de un algoritmo. Como resultado, podemos requerir que un humano examine la situación. Será necesario desarrollar organizaciones dedicadas a la protección ciudadana, como la CNIL.

Innovación centrada en el ser humano

A medida que la tecnología imita a los humanos, vemos que asume sus defectos e incluso acentúa sus sesgos. ¿Qué significará centrarse en los seres humanos, como afirman varias organizaciones? ¿Qué implica este audaz objetivo de humanizar las tecnologías? Se tratará de garantizar que nuestra humanidad sea respetada, no tanto de imitar la naturaleza humana.

La UNESCO recomienda que los seres humanos tomen decisiones que afecten la vida o la muerte de un individuo. Sin embargo, la organización no se ocupa específicamente de las armas automáticas. Además, la UNESCO aboga por la prohibición de la vigilancia masiva con fines de evaluación social, como China ha propuesto con su sistema de crédito social.

Los desafíos de inclusión que enfrenta la IA en 2022 son desalentadores. Tanto en términos de objetivos comerciales como de instrumentalización de nuestros comportamientos, por ende se debe realizar una extensa investigación sobre la presencia de sesgos de juicio. Para garantizar una toma de decisiones automatizada no discriminatoria, sería necesario denotar el control de los algoritmos.

CAPÍTULO 4

AMENAZAS A NUESTRO LIBRE AL-BEDRÍO

¿Quién eres tú ... en línea?

Las identidades digitales son cada vez más importantes en la sociedad actual. Por ejemplo, nuestras identidades digitales ayudan a autenticarnos cuando accedemos a información segura, identifican qué datos se acumulan sobre nosotros a medida que utilizamos los servicios web e influyen en cómo nos vemos a nosotros mismos en un perfil en línea. Si bien muchos de estos impactos parecen muy alejados de nuestra vida cotidiana, comprender la identidad digital y cómo afecta su vida puede ayudarlo a tomar decisiones informadas sobre la protección de su privacidad en línea.

¿Qué es exactamente una "identidad" o "perfil" digital?
Una identidad digital, también conocida como perfil en línea, son los datos colectivos que lo representan a usted en Internet y en sus

interacciones electrónicas con personas, empresas y organizaciones. Ya sea una cuenta de redes sociales o una dirección de correo electrónico, cada parte de su identidad digital contribuye a la imagen general de quién es usted y qué tipo de vida lleva. Es una serie de grabaciones que conciernen a su persona. Estos datos se han ido acumulando durante años, y la tasa de recolección es exponencial. No es raro que las personas tengan docenas, si no cientos de perfiles en línea en el mundo de hoy. Nos guste o no, todos tenemos una historia digital.

Está arraigado en nuestra cultura inscribirse en todo, lo que significa que las empresas de tecnología saben casi todo lo que hay que saber sobre nosotros, desde lo que comemos, lo que hacemos por diversión y a dónde viajamos. También es mucho más fácil comprar en línea ahora más que nunca, y el uso de las redes sociales se ha convertido en una segunda naturaleza, lo que significa que las empresas de tecnología recopilan almacenes aún más grandes.

Las generaciones anteriores no tenían una identidad digital; su historia digital es inexistente. Imagínese cómo vivían nuestros abuelos sin las redes sociales, los teléfonos, Internet o incluso el correo electrónico. No podían comunicarse con sus amigos y familiares las 24 horas del día, los 7 días de la semana. No sabían de dónde venían sus paquetes antes de aparecer en sus puertas. Tuvieron que esperar en la fila para pagar las cosas porque las compras en línea no eran una opción. ¡Y eso fue hace poco más de 20 años! Pero ahora, todo ha cambiado. La tecnología digital nos ha hecho la vida más fácil de alguna manera (¡no más esperas en la fila!) y mucho más complicada; no tenemos idea de lo que las empresas de tecnología están recopilando sobre nosotros. A esto se suma la implicación de la inteligencia artificial y su continua interacción con los datos.

Estamos en la infancia de esta historia digital y colectiva. Para la mayoría de las personas, todavía hay una gran cantidad de misterio en torno a las posibles consecuencias e implicaciones de la creciente cantidad de datos recopilados.

La noción de privado vs público

Crear y mantener una identidad en línea puede ser un comercio justo para la mayoría de las personas. Las personas parecen beneficiarse más; las redes sociales nos permiten conectarnos con amigos y familiares al mismo tiempo que conocemos a personas que de otra manera no habríamos conocido. El espacio digital está repleto de potentes herramientas y software mejorados por IA para comunicarse con otras personas, automatizar tareas específicas, herramientas de gestión de proyectos y trabajo remoto y formas fáciles para que las empresas lleguen a clientes potenciales, por nombrar solo algunos. En algunos casos, los usuarios tienen acceso gratuito a estos servicios y espacios digitales. A cambio, los usuarios pagan con el tiempo renunciando voluntariamente a su atención, tiempo e información personal. ¿Es este un intercambio justo? ¿Nos damos cuenta de qué valor estamos ganando frente a qué valor estamos perdiendo, especialmente dado que a veces ni siquiera somos conscientes de que estamos intercambiando cosas en absoluto?

Una de las consecuencias más significativas a largo plazo es la reducción de los dominios privados de los individuos en favor del dominio público. Se caracteriza por una disminución en la impermeabilidad de los dos dominios. La esfera pública está explotando irreversiblemente dentro de las redes y la nube, mientras que parece que la esfera privada se está contrayendo dentro de este espacio digital. Es interesante observar que la noción de dominio privado es relativamente reciente. Estamos muy comprometidos con ello, pero varias empresas han ignorado el tema de la privacidad de las personas. Algunos modelos políticos son un buen ejemplo de esto.

¿No deberíamos entonces exigir transparencia?

Si pedimos más transparencia a las empresas, es principalmente porque la transparencia es accesible. Más datos son extraídos sobre individuos, y algunos de ellos, supuestamente confidenciales, son revelados. El precio de la transparencia pública viene a expensas de nuestra privacidad de datos. Si bien la empresa parece no tener más remedio que hacerse pública, el individuo debe reconocer que este requisito implica ampliar el dominio público y reducir el dominio privado. ¿Es posible entonces la privacidad digital?

A medida que evolucionamos hacia un mundo digital, es esencial ser conscientes de cómo esto puede afectar la privacidad de nuestra información. Una de las mejores maneras de conocer los límites de la privacidad de nuestros datos es comprender el impacto de nuestros registros digitales. Analizaremos el ciclo de vida de los datos con mayor claridad y lo que significa proteger nuestra información.

El ciclo de vida de los datos

El ciclo de vida de los datos en el mundo digital puede parecer un enigma para muchas personas, especialmente con todo el rumor en torno al big data y su capacidad para predecir el comportamiento y las tendencias futuras. ¿Qué sucede exactamente cuando ingresamos datos en bases de datos y cuando estos se usan para crear modelos y algoritmos? ¿Quién tiene acceso a esa información, qué están haciendo con ella y cómo afecta esto a nuestra privacidad? Y una vez que hemos digitalizado algo, ¿cómo podemos estar seguros de que no se puede alterar o eliminar?

Para evitar sesgos, discriminación y todos los escollos que esperan a las personas, cada fase del ciclo de vida de los datos debe ser explicable.

Si observamos el ciclo de vida del proyecto de IA, vemos que las preocupaciones ahora se concentran principalmente en el momento de la adquisición de datos (ver diagrama a continuación):

A partir de este modelo, parece que la adquisición de datos es una fase esencial en la protección de nuestros datos.

La adquisición de datos generalmente ocurre cuando se registra para obtener servicios en línea. Las empresas comúnmente recopilan datos sobre usted al registrarse en su servicio. A veces, hay acuerdos sobre cómo se pueden usar los datos. Por ejemplo, Gmail declara en sus términos que utilizan información de identificación no personal. A menudo nos apresuramos a dar nuestro consentimiento para la recopilación y el uso de datos por molestia, especialmente para acceder a una aplicación rápidamente. La negligencia se manifiesta aquí tanto por parte del fabricante como del usuario.

Una vez que se ha recopilado y accedido a los datos, estos se mueven entre entidades en varias etapas del ciclo de vida de datos. Por ejemplo, si compra algo en Amazon y proporciona su dirección para la entrega,

puede recibir un correo electrónico de ellos que indique que "Las personas que compraron tal o cual también compraron ..". Aprenden sobre ti rastreando tus compras anteriores. Amazon simplemente transfiere sus datos a su sistema de gestión de relaciones con los clientes (CRM) para que puedan comunicarse con usted sobre futuras compras. Por lo tanto, sus datos se almacenan continuamente en sus servidores. ¿Qué tan conveniente es eso?

El almacenamiento de datos implica tomar información de una ubicación en un dispositivo o red y transferirlos a otro. Sin embargo, se debe hacer una distinción importante aquí: los datos no siempre necesitan ser movidos físicamente antes de ser almacenados; los datos también pueden residir en servidores sin ser cambiados. Esto significa que incluso después de que cesa el movimiento de datos, los datos continúan existiendo dentro de servidores y dispositivos, donde se puede acceder a ellos durante largos períodos de tiempo.

¿Qué pasa con la minería de datos y la personalización? Los algoritmos de minería de datos se han centrado tradicionalmente en patrones específicos de la información, independientemente de quiénes fueran los datos, e intentando hacer predicciones sobre segmentos particulares de personas. Con frecuencia hay desacuerdo sobre si la minería de datos implica la personalización basada en factores de comportamiento en lugar de factores personales como el nombre o el número de identificación.

Compartir se vuelve más fácil una vez que los datos se han almacenado y se utilizan los algoritmos de personalización. Los datos personalizados no necesitan ser movidos físicamente antes de ser compartidos; de hecho, la información ni siquiera necesita salir de un dispositivo antes de ser utilizada en otra parte de su ciclo de vida (aunque a veces el intercambio se produce a través de la transmisión). Esto significa que los datos no tienen que cambiar de manos para que el intercambio ocurra físicamente; ¡un actor podría compartir datos personalizados con otro sin tocarlos! A veces, las empresas venden información recopilada de los clientes. Cuando se venden datos, otra persona obtiene acceso a ellos y comienza a moverlos a través de las diversas etapas de su ciclo de vida.

Algunas organizaciones pueden optar por eliminar los datos que han recopilado, mientras que otras pueden optar por conservarlos indefinidamente. Eliminar información es a menudo tan simple como eliminarla de una computadora o un servidor remoto. Sin embargo, las cosas se complican cuando hay copias de seguridad de datos creados en puntos anteriores que no se han cambiado en mucho tiempo. Puede ser difícil, y potencialmente costoso determinar si los datos eliminados todavía están presentes en los servidores de copia de seguridad. Como resultado, una vez que los datos han sido almacenados por una entidad en algún lugar, muchas veces es complicado borrarlos del sistema por completo.

El proceso de limpieza

El proceso de limpieza debe realizarse en cada etapa del ciclo de vida de los datos. En palabras de la *Comisión de Acceso a la Información* de Québec, "una empresa debe tomar las medidas de seguridad adecuadas para garantizar la protección de la información personal recopilada, utilizada, divulgada, retenida o destruida". También encontramos estos pasos en el siguiente diagrama:

Imaginemos un cinturón de seguridad rodeando cada una de las fases. Ya existen diferentes intervenciones y se pueden visualizar de esta manera:

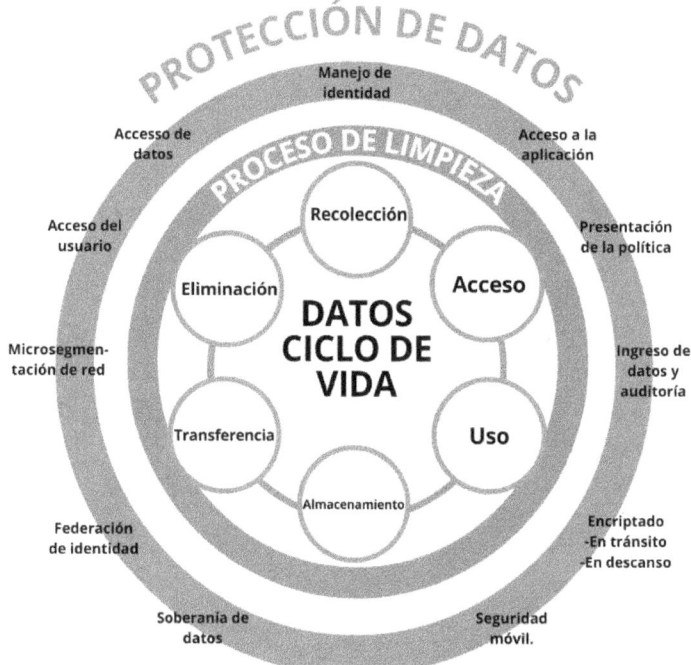

ería interesante examinar estas diferentes iniciativas y sus limitaciones. En primer lugar, lo que hay que entender es el aspecto desapegado de las intervenciones. El carácter envolvente del cinturón de seguridad es un poco ilusorio porque ciertas fases siguen siendo impredecibles. Esto se ve en casos de transferencia de datos y escuchas telefónicas.

> *"Las escuchas telefónicas pueden adquirir u ocultar sigilosamente datos en transferencia. Esta escucha es posible en muchos sistemas construidos por diferentes componentes, que se comunican en redes públicas".* —Christen Markus, Gordijn Bert, Loi Michele

¿Estamos alienados por la IA?

Nuestra relación con la libertad ha cambiado como resultado de la presencia de algoritmos en nuestras vidas. Mientras que nuestra sensación de control sobre los objetos inteligentes crece, nuestras acciones diarias se vuelven cada vez más sistemáticas. Entonces, ¿dónde encaja la libertad? Y precisamente, ¿de qué libertad estamos hablando?

¿Qué significa ser libre en un mundo cuantificable y etiquetado? ¿La inteligencia artificial nos está liberando o alienando? La libertad es el acto de hacer una elección libre. En otras palabras, es actuar de acuerdo con la voluntad de uno. Por ejemplo, podríamos decir:

"No se me impone ninguna religión; Soy libre".

"No se me imponen doctrinas; Soy libre..".

Desde un punto de vista personal, la autodeterminación es la libertad de elegir la propia conducta y opiniones sin ninguna presión externa.

"No soy manipulado por un sistema fuera de mí cuando tomo decisiones. Actúo por mi propia voluntad".

Pero, ¿hasta qué punto mis elecciones en un mundo de algoritmos se hacen libremente?

> *Una cosa es ser influenciado por las opiniones de los demás; otra cosa es dejarse influenciar por los algoritmos.*

Luego nos involucramos en lo que burlonamente llamamos pensamiento sistémico. Nuestros juicios están influenciados por los pensamientos predominantes que nos llegan de manera organizada. De vez en cuando, decimos, orgánicamente. Por ejemplo, nuestras opiniones pueden estar influenciadas por los puntos de vista dominantes transmitidos en las noticias. Considere los anuncios micro dirigidos impulsados por algoritmos.

AUTOLIMITACIÓN DE LA LIBERTAD

Hablar de libertad es, ante todo, hablar de *libertad política*. Nuestra libertad, que implica tomar decisiones sin ser obligados, es limitada. Se ejerce en un contexto social que requiere el respeto a la libertad de los demás.

Aunque la libertad de expresión es muy querida para nosotros, nuestra libertad de pensamiento es más importante.

Esta libertad fue instituida para liberarnos de los dogmas religiosos. Nos dota de la capacidad de pensar de forma independiente. Sin embargo, esta libertad no puede ser utilizada como un arma, y, como dice Rousseau, termina donde comienza la libertad de los demás.

Ser libre no significa *actuar como quiero, siempre y cuando no contravenga ninguna regla*. ¿Qué pasaría en ausencia de reglas de conducta? No podemos hablar de forajidos en un macrocosmos que aún no se ha legislado. Vale la pena señalar que la industria de la IA todavía no está regulada en gran medida, debido a estar constantemente en novedad.

En ausencia de reglas y, en nombre de la libertad, ¿podría un individuo entonces actuar en contra de su moralidad? ¿Podrían robar a alguien, por ejemplo, simplemente porque no es legalmente imposible? Lo más importante para ellos es evitar recibir una sanción o recibir una sanción menos severa que el acto cometido. ¿Es así como se percibe la libertad?

¿Es la libertad un cálculo racional?

¿Se evalúa la libertad sobre la base de un equilibrio entre los placeres acumulados y las penas esperadas? El valor de un acto está determinado por su utilidad para promover los intereses individuales. Desde un punto de vista tecnológico, esta evaluación tiene ramificaciones.

Por lo tanto, un individuo podría usar aplicaciones de creación de perfiles para participar en el voyerismo a voluntad. Protegería sus intereses privados permaneciendo en el anonimato. Esto parece ser reprobable para todos nosotros. Lamentablemente, este tipo de aplicaciones circulan libremente.

Independencia de la IA

La independencia es también una forma de libertad. El uso diario de objetos tecnológicos desarrolla patrones de comportamiento que inevitablemente se convierten en hábitos. ¿La libertad sería, por ejemplo, la capacidad de elegir no usar su teléfono celular durante un período determinado? Esta es una definición muy imprecisa de la libertad, que la confunde con la renuncia a la dependencia.

> *"A medida que los humanos se vuelven cada vez más manipulables, su autonomía y responsabilidad están siendo cuestionadas".*
>
> –Gaspard Koenig

Algunas personas se horrorizarían de tener un chip implantado en sus cuerpos y preferirían dejar tales cosas a los thrillers de ciencia ficción. El teléfono celular es tan parte de nosotros como un chip. Como objeto tecnológico, se ha convertido en una extensión de nosotros mismos. Ya no estamos, o sólo mínimamente, separados de él.

Libertad modelada por IA

¿Podríamos entonces hablar de libertad sistémica? ¿No es eso absurdo? En una cosmovisión algorítmica, todos los fenómenos son explicados por sistemas. Estos sistemas responden a las leyes físicas. De acuerdo con esta interpretación del mundo, cualquier evento puede ser predicho racionalmente. Esta predicción se basa enteramente en los datos recopilados y las leyes de la física.

Por lo tanto, sería posible explicar y predecir todo el comportamiento humano. De este modo, vemos que el pensamiento algorítmico del mundo deja muy poco espacio para la libertad individual. Como resultado, modelar la libertad nos parece una tontería.

El filósofo Gaspard Koenig analiza este problema de libertad dentro de los sistemas actuales de inteligencia artificial. Utiliza la analogía de nuestros desplazamientos que se hacen orgánicos por herramientas de localización para explicar nuestros comportamientos sistémicos. Dijo: "Los sistemas de IA nos alientan a comportarnos de manera que se ajusten a la norma, de manera similar a cómo una aplicación de GPS nos obliga a tomar el camino más corto posible".

> *"Tocamos aquí un cuestionamiento del derecho a la deambulación del individuo y, por lo tanto, a su libre albedrío".*
>
> –Gaspard Koenig

¿Es nuestra libertad individual una ilusión? "Cuando los humanos se creen libres, se equivocan", nos informa Spinoza. El filósofo continúa: "Este punto de vista se basa únicamente en el hecho de que son conscientes de sus acciones, pero no son conscientes de las causas que las determinan". Nuestra autonomía de pensamiento se pone en tela de juicio. El lugar del libre albedrío frente a la sistematización de la sociedad abre debates sustantivos entre psicólogos, neurólogos y filósofos de la inteligencia artificial.

La redefinición de nuestra libertad individual plantea preocupaciones éticas. Por ejemplo, en esta redefinición, se debe entender "racismo sistémico" y "definición". Cuando hablamos de una conspiración, debemos preguntarnos de qué libertad implica una privación.

Multiplicidad de personalidades e identidad digital

¿Alguna vez te has encontrado con esta amenaza asociada con la influencia psicológica de los primeros juegos de rol en línea? Este miedo parece haber desaparecido ahora que todos tenemos una existencia paralela a través de avatares. Es, de hecho, doble o múltiple. Nos podemos encontrar en una variedad de perfiles. Nuestra imagen es profesional en algunas redes pero amigable en otras. Cada uno de nosotros se vuelve virtualmente múltiple.

Manifestaciones de nuestra identidad

Todos los días, perdemos un poco de nosotros mismos en esta o aquella aplicación. Entonces, estas tramas que nos componen están interconectadas, o no, para formar el mapa de nuestra individualidad digital.

Esta identidad en expansión no siempre es fácil de comprender, tanto para nosotros como para los demás. Tenemos el poder de cambiar nuestra imagen como mejor nos parezca o de enfatizar un aspecto de nuestra personalidad sobre otro. Somos, al mismo tiempo, dueños de nuestras representaciones y encadenados por los hilos de nuestra narración virtual.

Estas observaciones revocan a la esquizofrenia, pero son bien recibidas por los participantes dispuestos. Algunos explotan la situación intentando usar el sistema de la misma manera que los ahoga. Como si la persona más astuta siempre fuera aprehendida primero. O como si uno se enfrentara constantemente a personas más ágiles que uno mismo.

Multiplicidad de personalidades

Lo nuevo no es esta multiplicidad de nosotros mismos, que está muy bien expresada en la literatura, y principalmente a través de los textos del autor portugués Fernando Pessoa. De hecho, el *Théâtre de l'être* es una de sus obras, inspirada en el sensacionalismo, que ilustra la multiplicidad de personalidades. Según esta doctrina filosófica, todo conocimiento proviene de nuestras sensaciones.

Además, al autor se le atribuye la publicación tanto bajo su ortónimo (su nombre real) como muchos heterónimos (palabras con una ortografía única). Uno de sus últimos, Ricardo Reis, escribe esto:

Innumerables vidas nos habitan.

No sé cuándo pienso o siento,

¿Quién es el que piensa o siente?

Yo soy simplemente el lugar

Donde se piensan o se sienten las cosas.

—Fernando Pessoa. Escritor, crítico, comentarista político y poeta portugués.

Vale la pena leer la secuela para comprender la descripción del autor de las complejidades del personaje. Ricardo Reis, sensacionalista, se expresa a través de estos versos:

AMENAZAS A NUESTRO LIBRE ALBEDRÍO

Tengo más de un alma.

Hay más yo que yo mismo.

Existo, sin embargo,

Indiferente a todos ellos.

Los silencio: hablo.

El cruce urge de lo que

Siento o no siento

Lucha en lo que soy, pero yo

Los ignoro. No dictan nada

Al yo que conozco: escribo

<small>Un magnífico poema, como respuesta a I am Another de Rimbaud, tomado del texto The Chess Players—Odes de Ricardo Reis (heterónimo), publicado en 1935.</small>

Por lo tanto, la multiplicidad de nuestras personalidades no es nueva. Lo radicalmente nuevo con el carácter digital de nuestra identidad es la huella que todos dejamos de nuestro comportamiento. Estas marcas participan en la construcción de nuestros tipos de identidades digitales, una clasificación que parece hacerse por sí misma, como veremos.

Desde dos ángulos de nuestra identidad digital

La multiplicidad se muestra de varias maneras. Desde el primer ángulo, transmitimos regularmente representaciones de nosotros mismos en varios canales. Multiplicamos nuestras palabras.

Estos son mensajes que se han adaptado a una audiencia específica cada vez. Orientamos y transformamos nuestros gestos y mensajes en función de la plataforma con la que acabamos de interactuar al tiempo que producimos datos. Desde otro ángulo, somos reconocidos bajo varias identidades basadas en una clasificación impuesta. La identidad digital civil, por ejemplo, se clasifica por separado. Por lo menos, debería. En el siguiente paso, veremos este punto de vista.

Ángulo I: transmisiones de nuestra identidad digital

Comencemos por ver cómo están cambiando nuestras identidades. Las manifestaciones de nuestra identidad tienen muchas facetas. Veamos algunos de ellos sin ningún orden en particular:

Multiplicidad de expresiones

- Información de contacto (nuestro correo electrónico, dirección, teléfono, etc.)
- Claves de seguridad (nuestras transacciones bancarias)
- Posiciones políticas (las que expresamos en blogs o foros)
- Género (expresión de la identidad sexual)
- Religión (detectada en redes sociales u otras)
- Salud (datos biomédicos de aplicaciones que utilizan biometría, pulseras)
- Viajes (las rutas que tomamos son reportadas a través de nuestro GPS)
- Reseñas y comentarios (atribuido a eventos privados, atribuido a eventos actuales)
- Preferencias (de cualquier tipo, mostradas en comunidades virtuales)
- Conocimiento (nuestro conocimiento de plataformas colaborativas, Wikipedia)
- Avatares (imágenes, apodos, personajes ficticios en diferentes juegos u otras plataformas)
- Relaciones o amigos (redes sociales)
- Informes o enlaces (grado de conexión)
- Modo de consumo.

Además de la variedad de plataformas en las que podemos mostrar nuestros perfiles personales, muchas personas separan sus cuentas para gestionar una personal y otra profesional.

Multiplicidad de perfiles

Aunque esta práctica de cuentas duplicadas está prohibida (o desaconsejada) por los proveedores de plataformas, como Facebook, es muy común. Varios trucos básicos, como usar un nombre diferente con una dirección de correo electrónico única, permiten esta duplicación. Aunque no forma parte de nuestro supuesto compromiso con Facebook, los seudónimos virtuales se han convertido en algo habitual. Nuestras obligaciones con *Facebook* contienen las siguientes restricciones:

- Usar el mismo nombre que usamos a diario.
- Proporcionar información precisa.
- Crear una sola cuenta y utilizar nuestro registro solo para fines personales.

¿Puede Facebook mantener tal seriedad cuando sirve como un patio de recreo para la mayoría de los usuarios? ¿Podemos realmente prohibir un cierto tipo de juego de roles allí?

La capacidad de ocultar la propia identidad es una prerrogativa de la población en general que ha surgido en la era digital. Por ejemplo, esta generación pudo eludir la restricción de edad y unirse a la comunidad de Facebook a partir de los 10 u 11 años (o antes, dependiendo de los controles parentales).

Para otros, la motivación principal para este enfoque es el deseo de separar quiénes son en su vida cotidiana de quiénes son profesionalmente, un medio para utilizar las plataformas por sus ventajas puramente comerciales. De hecho, muchos usuarios tienen cuentas de Instagram que les permiten vender sus productos. Sus perfiles se convierten entonces en tiendas, compitiendo con el equivalente global de Kijiji (eBay). Para evitar esta duplicación, las plataformas recomiendan **crear** páginas comerciales, como ha sugerido Facebook. Incluso si se sigue esta práctica, no impide la creación de nuevas cuentas.

Ángulo ii: clasificación de nuestras identidades digitales

Para otros, seguimos siendo distintivos. No podemos afirmar que cada una de las partes de nuestra identidad está conectada a nuestra identidad digital, que es múltiple. Esta no es una ecuación equivalente. No hay ningún hilo identificable que podamos rastrear para determinar una sola identidad.

> *"La identidad digital se convertirá en la base sobre la que se construirá el mundo del mañana".*
>
> —Stéphan Marois,

En términos generales, los países determinan nuestra identidad digital civil a través de nuestros datos de contacto. Algunos agregan nuestros registros de salud. Pero podemos ver que la identificación no parece tener fronteras, y utiliza la mayoría de los canales de comunicación.

Al referirse a la identidad digital, los estados, como Canadá, se refieren a nuestra identidad digital civil, según lo especificado por el Laboratorio de Identidad Digital. Se compone de múltiples datos de los múltiples canales a través de los cuales difundimos la expresión de nuestra identidad.

Nuestra identidad personal digital no es estrictamente civil o social. Entonces notamos que otra clasificación se cierne al otro lado de nuestras proyecciones. Es una identificación pública de nuestra persona jurídica y civil sobre la que no tenemos control. Podríamos discutir la caracterización sistemática que genera nuestra narrativa virtual.

Así, existe una profunda paradoja entre el ideal de una única identidad digital y nuestra capacidad de asumir múltiples facetas de nuestra personalidad. Para tomar prestada una frase de Pessoa, estamos presenciando el Teatro del Ser, pero en este tiempo del ser virtual en el que hemos evolucionado.

Aunque dejamos huellas de nuestro comportamiento aquí y allá, los datos recopilados se procesan y clasifican, independientemente de nuestra individualidad. Se procesa para mejorar la categorización de subconjuntos de tipos de población.

La cuestión de la identidad digital plantea varios dilemas éticos. El riesgo de estigmatización es real porque la clasificación de nuestras identidades está más allá de nuestra comprensión. Además, debido a que cada gesto y palabra tiene el potencial de ser contraproducente para nosotros y tiene un componente público, perdemos el control de la imagen o identidad que deseamos proyectar.

Para salvaguardar nuestra privacidad en este contexto, intentamos anonimizar parte de nuestra información personal. Pero, es un juego del gato y el ratón en el que, por un lado, nos escabullimos bajo diferentes seudónimos para escondernos, y por otro lado, los algoritmos encuentran y difuminan nuestras huellas anonimizándolas. El gato pierde el control.

¿Es el individuo tan rastreable como una mercancía?

Todos los días, dejamos huellas digitales detrás de nosotros, como pequeños guijarros siguiendo nuestros pasos. Sembramos nuestras opiniones aquí y allá. Pero, incluso más que nuestros gestos, nuestras preferencias y elecciones personales dejan huellas indelebles que forman nuestra huella digital. ¿Podrían ser estos los rasgos iniciales de un código de barras humano?

¿El usuario se ha convertido en un producto?

Las fuentes de la huella digital

Durante un día normal, dejamos huellas digitales en varios lugares. Cualquier transacción en un medio digital puede recopilar una gran cantidad de datos. Cada recurso compartido sella nuestra huella, ya sea compartiendo una imagen, un documento adjunto o un video.

Con cada una de nuestras inscripciones para un boletín, un foro o simplemente para un concurso, desmoronamos un poco de nosotros mismos. En otras palabras, cada acción digital retiene algo de nuestra persona porque cada acción se convierte en una transacción.

Todos los dispositivos móviles, pantallas táctiles o pantallas de vigilancia son objetos que nos rodean y nos "escuchan" continuamente. Pero, a diferencia de Pulgarcito, que encuentra su camino de regreso gracias a los guijarros que sembró detrás de él, no podemos rastrear el hilo de nuestras huellas digitales. Ya no son únicos, sino transformados por sus continuas interacciones con las huellas de otras personas.

El usuario participa en el juego

En el lanzamiento del trabajo colectivo de Quebec Social media: perspectivas sobre los desafíos relacionados con la ciberseguridad, la gobernamentalidad algorítmica y la inteligencia artificial, el 24 de febrero de 2021, el profesor André Mondoux presentó un concepto excitante. Como parte de la presentación de las secciones que escribió, el profesor compartió su análisis de la relación del individuo con las redes sociales. Explica cómo el individuo dentro de las redes sociales se transforma gradualmente, voluntariamente o no, en una mercancía. Él sabiamente usa el siguiente adagio:

> *"¡Cuando el producto es gratis, el producto eres tú!"*
> —André Mondoux,

Bruno Jarrosson, ingeniero y pensador francés, amplía este punto en su curso sobre marketing individual. Demuestra cómo los objetos tecnológicos han alterado prácticamente todo tipo de relación. Estos son los mecanismos por los cuales los individuos se integran en un sistema de mercado. Los ciudadanos se convierten literariamente en productos en un mercado. Su valor se determina en función de la imagen que muestran.

> *"Las máquinas pueden activar centros de recompensa en el cerebro humano".* —El Foro Económico Mundial

Como señala el autor, este fenómeno se manifiesta en el ámbito laboral y en las relaciones sentimentales, donde los criterios de selección son los mismos que para un artículo comercial.

Nuestros rastros digitales forman nuestra huella digital

Despliegue de la trazabilidad

La mejor manera de visualizar nuestra trazabilidad es considerar el GPS en nuestros objetos tecnológicos. El automóvil, el reloj inteligente y el teléfono celular intercambian datos sobre nuestros movimientos e información. Si bien el objetivo principal de las aplicaciones es optimizar la predicción de carreteras a través de la acumulación de datos, la información compartida se puede capturar y almacenar. Estos datos pueden ser utilizados para un número ilimitado de propósitos adicionales indefinidos. No podemos negar la existencia de estos rastros, incluso si no se utilizan.

Pulseras inteligentes

Los objetos tecnológicos habilitados para GPS, como las pulseras, pueden permitir el seguimiento de los movimientos de una persona vulnerable. Además del GPS, se utilizan otras tecnologías para analizar los signos vitales, como el pulso. Esta tecnología es una bendición para las personas que han perdido su autonomía y tienen deficiencias cognitivas o físicas.

> *"¿Cómo podríamos rechazar un brazalete o un chip a una persona mayor con enfermedad de Alzheimer?"*
> —Arnaud Belleil

La trazabilidad permite entonces promover el apoyo domiciliario de estas personas con pérdida de autonomía. Además, se ha encontrado que las pulseras inteligentes son beneficiosas en la prevención de la violencia doméstica. Ciertas pulseras están diseñadas para rastrear las ubicaciones de los abusadores y alertar a las víctimas cuando un abusador está cerca. Pulseras inteligentes similares se utilizan para monitorear a los prisioneros en libertad condicional.

¿Seguimos teniendo derecho al anonimato?

Los llamados movimientos *alternumeristas*, análogos a *los alterglobalistas*, están surgiendo en reacción a esta trazabilidad sistemática. Los activistas alter-digitales abogan por un mundo de ritmo lento separado de todas las tecnologías digitales. Según ellos, la informatización del mundo no nos está llevando en la dirección correcta, y necesitamos crear un mundo paralelo no digital.

> *"Lo que necesitamos ante todo es detener la máquina".*
> —Félix Tréguier

Un portavoz de este alternumerismo es Félix Tréguier, fundador de La "Quadrature du Net". En su libro, "The Fallen Utopia", explica la capacidad del estado para dar forma a la tecnología con el propósito del control social. Según él, lo que necesitamos no es un parche de software, retoques legales o incluso un poco de ética. Tenemos que parar a la máquina.

Sin construir un mundo paralelo totalmente desprovisto de objetos tecnológicos, podemos garantizar la preservación de ciertos derechos humanos fundamentales. Se trata de reflexionar sobre el derecho al anonimato, el derecho a no ser monitoreado y el derecho a controlar la difusión de los datos que nos conciernen. Para informar a la justicia ante estos nuevos desafíos, la ética de la IA trabaja en la redefinición de estos derechos fundamentales.

¡No hay IA sin ética!

También hemos visto cómo los datos recopilados de maneras aparentemente inofensivas, como de un GPS, pueden usarse de maneras que desconocemos. Cuando se trata de estos datos que damos a las organizaciones, ¿cuánto de nuestros datos damos voluntariamente? La mayoría de usuarios en las redes sociales no lo piensan dos veces antes de publicar cada detalle sobre sus vidas a extraños con la esperanza de que alguien encuentre algo suficientemente interesante como para leerlo. En estos días, niños de tan solo seis años de edad están usando tecnología inimaginable hace solo 20 años. Con tanto tiempo dedicado en línea y en la escuela aprendiendo a usar nuevas herramientas creadas por grandes empresas, ¿quién está enseñando a las generaciones futuras sobre la importancia de su identidad digital y la protección de su privacidad? ¿Depende de cada persona hacer preguntas sobre qué tipo de privacidad tiene (o no tiene) en el mundo digital de hoy y asegurarse de protegerse en consecuencia?

La privacidad de los datos se ve afectada por varios factores, incluidas las prácticas comerciales y los avances tecnológicos. Uno de estos factores que muchas personas no consideran, son los algoritmos. Los algoritmos no siempre son tan precisos como parecen. A medida que se acumulan datos sobre nosotros en línea, lo que nos gusta, quiénes son nuestros amigos, a dónde vamos, los algoritmos crean perfiles digitales de nosotros que influyen en cómo interactuamos con la tecnología y cómo otros interactúan con nosotros en la vida real. Como hemos visto, estos procesos automatizados de toma de decisiones ayudan a las organizaciones a dar sentido a los datos, y pueden facilitar la recopilación de información, pero pueden tener un costo cuando se trata de derechos de privacidad individuales.

Los algoritmos no solo determinan lo que vemos en línea, sino que también predicen nuestro comportamiento sin nuestro conocimiento.

Debido a que los algoritmos predicen en lugar de crear comportamiento, estas predicciones pueden conducir a profecías autocumplidas. Si crees que un algoritmo sabe algo sobre ti que no sabes sobre ti mismo (como si serías compatible con alguien románticamente), tu comportamiento podría cambiar en función de ese conocimiento.

Si bien existe un debate sobre cómo son los algoritmos predictivos y si alguna vez serán verdaderamente predictivos, nadie puede negar que los algoritmos están influyendo en cómo vivimos en línea. Puede que no pase mucho tiempo antes de que nuestra identidad digital supere a nuestra física. Entonces, ¿podemos perder el control de nuestras propias vidas si no sabemos qué hay detrás de estos algoritmos?

CAPÍTULO 5

CIBERSEGURIDAD Y ACTIVOS DIGITALES

Todos creían que este día nunca llegaría; la guerra había estado inactiva durante tanto tiempo en Europa. Sus temores se hicieron realidad cuando las tropas rusas cruzaron la frontera hacia la ucrania oriental. La visión de ucranianos desplazados, víctimas esparcidas por las calles y columnas de humo que se elevan por los bombardeos en curso han enviado ondas de shock en todo el mundo. Ninguno de nosotros podría haber imaginado una guerra o una invasión ocurriendo dentro de nuestras vidas, y mucho menos este siglo o incluso en 2022. Tal como estaba, Rusia estaba librando una invasión de gran escala a Ucrania. Pero no solo puso en riesgo la vida del pueblo ucraniano, sino que nos hizo a todos pronunciar palabras, pensamientos y preocupaciones de una manera que nunca habíamos previsto. Debido a los avances tecnológicos contemporáneos en la guerra, todos podríamos estar en riesgo de ser borrados de los libros de historia.

El 15 de febrero, los bancos centrales en Ucrania fueron hackeados, y en la víspera de la invasión rusa, los sitios del gobierno fueron puestos fuera de servicio. El ataque digital estaba, por lo tanto, por delante de los tanques. Ha plagado 70 sitios ucranianos, incluido el Ministerio de Relaciones Exteriores, el Gabinete de Ministros y el Consejo de Seguridad y Defensa. El ataque tuvo como objetivo los dos bancos ucranianos más grandes, PrivatBank y Oschadbank. Fue, en ese momento, el ciberataque ucraniano más importante de la historia. Después de confirmar el ataque, los dos grandes bancos, afortunadamente, se aseguraron de que los fondos de sus clientes no se vieran afectados.

Cabe señalar que la fuerza de defensa ucraniana ya estaba en alerta máxima debido a un mensaje que circulaba por los sitios militares ucranianos "¡Ten miedo y espera lo peor! Su agencia de inteligencia, el SBU, afirma haber neutralizado más de 2.200 ataques cibernéticos contra las autoridades estatales ucranianas en 2021. Según la inteligencia estadounidense, en los últimos 10 años, los principales ataques cibernéticos fueron de origen ruso. Según Ciaran Martin, fundador del Centro Nacional de Seguridad Cibernética, Ucrania ha sido el patio de recreo cibernético de Rusia durante años.

Si Ciaran Martin habla de Ucrania como un patio de recreo para los ciberataques, no es el único. El fundador ucraniano de ciberseguridad, Oleh Derevianko, dice que los ataques ocurren todos los días en el país. Ucrania se ha convertido gradualmente en una verdadera caja de arena para probar nuevas armas digitales. Grupos de hackers afiliados a Rusia como Fancy Bear, Cozy Bear y NotPetay's Sandworm han probado sus estrategias en las redes ucranianas durante varios años. En 2014, hackers rusos hackearon la Comisión Electoral Central, creando un caos político absoluto. En 2015, el malware BlackEnergy llevó a cabo el primer ciberataque contra una empresa de energía a gran escala. Más de 230.000 ucranianos perdieron su electricidad durante 6 horas. En 2016, las luces de la ciudad fueron atacadas.

Laurens Cerulus, periodista de "POLITICO", dice: "Integrada en las redes europeas, Ucrania proporciona una puerta de entrada para hackear el resto de Europa. En 2017, el grupo de hackers NotPetya atacó a varias empresas ucranianas, causando daños financieros de más de 10 mil millones de dólares. Sin embargo, cabe señalar que la mayoría de las empresas utilizan software pirateado y sin protección oficial. Esto los hace particularmente fáciles de perforar y controlar.

La resiliencia cibernética es la capacidad de una entidad para proporcionar defensa continuamente, a pesar de los ciberataques. Estados Unidos ha invertido 10 millones de dólares en resiliencia cibernética desde el caos electoral de 2014 en Ucrania. Una gran parte de este presupuesto apoya a Ucrania en la seguridad de sus sistemas. Sin embargo, para la Unión Europea, en particular, los ciberataques subrayan la urgencia de fortalecer las ciberdefensas de Ucrania. El aspecto más visible de este conflicto cibernético, que preocupa a rusos y ucranianos, es la deslumbrante desinformación que precedió a estos ciberataques.

El aspecto más visible de este conflicto cibernético, que concierne tanto a rusos como a ucranianos, es la brillante campaña de desinformación supuestamente orquestada por Vladimir Putin. Hay afirmaciones de que el presidente ruso tiene la intención de manipular la opinión pública rusa a favor de su ideología a través del control total de los medios sociales y de noticias. ¿Tendrá éxito?

Según algunas fuentes, Volodymyr Zelensky pidió la formación de una resistencia cibernética, instando a todos los ucranianos con capacidades de espionaje cibernético a prepararse para espiar al adversario.

¿Es la IA el futuro de la ciberseguridad?

No es ningún secreto que el panorama de la seguridad ha cambiado en los últimos años, y las amenazas cibernéticas son cada vez más difíciles de mitigar. Si bien parte de esto se puede atribuir al aumento general de los activos digitales, las transferencias a la nube y más aplicaciones conectadas, hay otro factor en juego: la inteligencia artificial (IA). Si bien esta tecnología emergente ha traído muchos beneficios a la ciberseguridad, también conlleva nuevos riesgos que deben considerarse antes de implementarse.

El primer riesgo significativo es una mayor dependencia de las tecnologías habilitadas para IA sin un plan para cuando fallan o dejan de funcionar. La dependencia de tales sistemas expone a las organizaciones a un riesgo considerable y las deja altamente vulnerables si estos sistemas se interrumpen o se ven comprometidos. A veces, se puede ver lo lejos que estamos de todo el potencial de la IA al observar algunos de sus primeros despliegues y fallas, por ejemplo, un caso en el que dos chatbots se comunicaban en alemán cuando comenzaron a insultarse entre sí después de crear su propio idioma. Aunque no son del todo negativas (tal vez una acusación contra la humanidad), tales historias revelan cuán joven es la IA y por qué más tiempo y pruebas deberían preceder a una amplia implementación.

Otro riesgo es que los programas de IA podrían introducir involuntariamente sesgos en los procesos de toma de decisiones. Cada algoritmo de IA necesita a alguien que lo diseñe y configure, por simple o complejo que sea. Esta persona, el diseñador, tiene que decidir qué datos se utilizan para entrenar un modelo de IA, a menudo utilizando conjuntos de datos históricos como guía. Si hay incluso un caso de sesgo que se arrastra en la forma en que se seleccionan los datos de entrenamiento, es probable que ocurra una inclinación desproporcionada en todos los datos de entrenamiento, lo que lleva a decisiones sesgadas tomadas utilizando ese proceso de aprendizaje durante la ejecución en situaciones en vivo. Como mostraron investigaciones posteriores, estos sesgos se perpetúan a través de aplicaciones sucesivas de algoritmos de aprendizaje automático impulsados por la elección humana, en otras palabras, los malos datos conducen a malas elecciones sobre lo que se enseña a los sistemas de IA, lo que impulsa más malas elecciones sobre lo que se retroalimenta en los modelos de IA ... y así sucesivamente. Como ejemplo, los investigadores del MIT Media Lab descubrieron que el software de reconocimiento de imágenes entrenado en los resultados de Google Image Search identificaría imágenes de caras de piel oscura como gorilas.

En tercer lugar, es probable que los riesgos de ciberseguridad de la IA aumenten en los próximos años, especialmente a medida que los piratas informáticos maliciosos y los ciberdelincuentes aprovechan el aprendizaje automático y la IA para descifrar contraseñas, acceder a información personal y manipular sistemas. Esto ni siquiera se acerca a la ciencia ficción: está sucediendo ahora, y no hay soluciones fáciles para prevenir amenazas de ciberseguridad de IA como estas una vez que los atacantes dominan las técnicas de aprendizaje automático y desarrollan nuevas formas de interpretar grandes cantidades de datos rápidamente. Por ejemplo, los investigadores de la Universidad de Cambridge demostraron que los ataques basados en el aprendizaje automático podían adivinar con precisión cuatro de cada cinco contraseñas de cuentas de Google después de analizar solo seis intentos de inicio de sesión. Varias empresas están desarrollando tecnologías de autenticación basadas en la biometría, como el reconocimiento facial y el escaneo de huellas dactilares, lo que facilita el hackeo de los atacantes impulsados por IA. Algunas startups en China también han introducido aplicaciones para teléfonos inteligentes que utilizan algoritmos de IA para identificar a los delincuentes utilizando solo sus rostros o voz.

Estos problemas se pueden abordar si se planifican y monitorean cuidadosamente a lo largo de los ciclos de desarrollo e implementación, pero es probable que tomen mucho más tiempo del que las empresas pueden tener disponible, dado lo rápido que progresa la investigación de IA.

A pesar de estos desafíos, la IA nos presenta oportunidades únicas para abordar los desafíos sistémicos de ciberseguridad, especialmente aquellos en los que las soluciones siguen siendo difíciles de alcanzar, o la efectividad está limitada por la capacidad humana. Por ejemplo, IBM Watson puede entender el lenguaje natural tan bien como lo hacen los humanos, analizar grandes cantidades de datos estructurados y no estructurados en cuestión de segundos, y realizar análisis más rápidos basados en modelos de razonamiento adaptativo en comparación con la investigación manual utilizando enfoques basados en reglas comúnmente utilizadas hoy en día. El resultado es una mejor velocidad, precisión y consistencia de la detección de amenazas cibernéticas en activos digitales que abarcan los límites de la red interna y externa. Existe la oportunidad de abordar las amenazas cibernéticas con un conjunto completamente nuevo de capacidades, pero queda mucho trabajo por hacer para comprender la mejor manera de usar la IA.

Hackers éticos y campeones digitales: ¿nuevas funciones morales?

El 15 de septiembre, Europa propuso un marco para la gobernanza digital para la próxima década en un discurso sobre el estado de la Unión. A la luz de un comunicado de marzo que anuncia un puente digital para 2030, uno podría preguntarse cómo este camino será responsable de los impactos sociales. ¿Qué papel desempeñarán los Campeones Digitales designados por la Comisión Europea?

¿Nuevas funciones morales para los campeones digitales y los hackers éticos? Necesitábamos tiempo para deliberar sobre el asunto. Esto dio lugar a la identificación de funciones adicionales de naturaleza similar que pronto se convertirán en indispensables para cualquier sociedad que adopte la tecnología digital. Si bien estas nuevas funciones están indudablemente dirigidas a los estrategas digitales, también requerirán una comprensión de las implicaciones sociales de lo digital.

¿Cómo es posible que exista esta relación simbiótica? Ya podríamos argumentar que la función será multidisciplinaria, como argumentan organizaciones como el Observatorio Internacional de Quebec sobre los Impactos Sociales de la Inteligencia Artificial y Digital (OBVIA).

¿Campeones digitales o defensores digitales?

Europa ha decidido crear un puesto de altos líderes especializados en los aspectos digitales de la sociedad: campeones digitales o defensores digitales. Propuso un camino a seguir para que la Década Digital logre la transformación digital de la UE de aquí a 2030. El objetivo será monitorear el progreso de este marco de gobernanza y especificar el papel y las funciones precisas de los Campeones Digitales a nivel local.

Un agente ético

Los campeones digitales empleados por Google, Twitter y Apple tienen un impacto significativo en la forma en que se desarrolla la tecnología. En su definición actual, un campeón digital es un agente capacitado para ayudar a organizaciones, instituciones o empresas a integrar sus procesos de transformación digital. Sin embargo, en un sentido más amplio, este agente debe ser capaz de identificar las consecuencias sociales de estas mismas transformaciones. ¡Esta es su función más crítica! Defender las nuevas tecnologías implica defender la ética.

La función principal

Supervisados por la Comisión Europea, estos agentes desempeñan el papel de estrategas y desempeñan una posición estratégica significativa a gran escala. Su objetivo es comunicar los beneficios de una administración y, más concretamente, de un Estado digital.

Los campeones digitales desempeñan un papel cultural crítico, ya que su misión es aumentar el acceso a lo digital y, en última instancia, la adhesión. No bastará con facilitar medios tecnológicos o informáticos, sino más bien con promover este cambio a través de la educación, la investigación y la innovación.

El hacker ético

En un nivel más táctico, vemos la aparición de un nuevo tipo de profesión, el hacking ético. Porque, para guiar la tecnología, los estrategas digitales no tendrán la opción de conocer todo el funcionamiento y las debilidades de los sistemas inteligentes.

El término "hacker ético" puede parecer un oxímoron, ya que la mayoría de las personas no consideran que la piratería sea un comportamiento moral. El concepto es que los hackers éticos no buscan explotar las vulnerabilidades informáticas, sino que intentan proteger los sistemas a través de su conocimiento. Estas personas poseen una experiencia excepcional en seguridad de TI y la emplean para evitar que otros piratean computadoras o redes vulnerables. Esto se puede lograr identificando fallas de software antes de que se vuelvan peligrosas. Los hackers éticos también pueden trabajar para grandes corporaciones, realizando pruebas de penetración para determinar con qué facilidad pueden ser pirateados. Estos hackers luego informan sus hallazgos a los administradores del sistema para corregir cualquier agujero antes de que los hackers maliciosos se aprovechen de ellos.

El hacking ético es apodado "White Hat" para distinguirlo de otros dos tipos de piratería, Black Hat y Grey Hat.

Otros tipos diferentes de hacking

Mientras que un hacker de sombrero blanco es un hacker que irrumpe en un sistema informático sin otro propósito que buscar vulnerabilidades de seguridad, un hacker de sombrero negro, también conocido como cracker, es aquel que hackea con intenciones maliciosas, explotando vulnerabilidades en un sistema con fines delictivos. Utilizan sus habilidades de piratería para violar las leyes y, a menudo, robar datos o causar daños al hardware y al software. A diferencia de los niños con guión, personas con poco conocimiento sobre tecnología que usan el programa de otra persona para atacar redes, los sombreros negros tienden a ser personas altamente informadas, experimentadas y calificadas. Por ejemplo, este hacker podría apoderarse de datos personales y luego exigir un rescate. Además, lo vemos difuminando las funciones para reducir el comercio. Hacktivismo es un término que se refiere a la piratería para promover una causa política. Intenta apoderarse del acceso a la web para divulgar mensajes comprometidos o bloquear el acceso y restringir las comunicaciones.

Los hackers de sombrero gris se encuentran en algún lugar entre estos dos tipos de hackers. El hacker de Grey Hat actúa como un Robin Hood y busca demostrar a la población cuánto tienen defectos los sistemas que transportan datos personales. Es esencial distinguir claramente cómo cambia la función de acuerdo con los objetivos principales del proceso de piratería. La película Snowden de Oliver Stone nos sumerge en esta forma gris de denunciar la intervención donde el acto criminal de Edward Snowden es más de curiosidad ciudadana que de robo. Como vemos, el hacking de Grey Hat a menudo usa el sombrero del denunciante.

Lo que está en juego

La mayoría de los sistemas inteligentes tienen defectos. Ningún sistema o aplicación hoy en día puede afirmar su impenetrabilidad total. Por lo tanto, para contrarrestar la piratería maliciosa, los individuos deben aplicarse a jugar al abogado del diablo, en cierto modo, para tratar de identificar posibles infiltraciones.

A diferencia de los informantes, los denunciantes están convencidos de los méritos de su revelación. Revelan lo que creen que es perjudicial para los humanos, la sociedad o el medio ambiente. Están convencidos de que están realizando un gesto ético.

Pruebas de penetración y escaneos de validez

Cuando se trata de hackers éticos, tenga en cuenta que sus servicios van mucho más allá de lo que las pruebas de penetración (Pentest) y los escáneres de vulnerabilidad pueden hacer.

Las pruebas de penetración validan el grado en que los sistemas son impenetrables. En comparación, el escaneo de vulnerabilidades está en gran medida automatizado. Tienen algunas desventajas. Por un lado, pueden detectar defectos inocuos; por otro lado, generan una gran cantidad de falsos positivos, desperdiciando recursos en temas erróneos.

El hacker ético aumenta el aspecto automatizado de los escaneos de vulnerabilidades con una comprensión de las fallas en su propia lógica. Puede aprovechar su experiencia para mejorar la efectividad en las pruebas de penetración.

¡Combinar los roles de guardián ético y especialista digital presupone casi inevitablemente las capacidades de un gran científico! Se espera que esta profesión piense más allá de los problemas técnicos y anticipe sus defectos, al tiempo que estima los impactos sociales de la tecnología digital. Por otro lado, esta profesión acelera los procesos, mientras que por el otro, retrasa los avances tecnológicos para identificar amenazas. Se tratará de conciliar los diferentes objetivos para dar cabida a estos nuevos estrategas.

¿Qué nos depara la proliferación de criptomonedas?

Si bien Bitcoin era casi inútil en 2013, ahora vale más de 55,000 dólares canadienses. ¿Qué efecto podría tener este ascenso en nuestro negocio y cartera? Debido a su independencia geográfica y política, la moneda digital socava los marcadores económicos tradicionales del mercado y cambia los procesos de transacción bancaria. Esta tecnología desafía las leyes del tiempo, elimina intermediarios y gana un enorme valor.

Primero veamos cómo surgió esta tecnología y preguntémonos qué lugar tomará gradualmente en cada una de nuestras vidas.

> *"La opacidad de las transacciones sigue siendo el punto ciego de las criptomonedas. Además, ¿cómo monetizar sus activos?"*
>
> —Jean-Michel Clément

Tres fases en el desarrollo de criptomonedas

2009: Bitcoin

Bitcoin fue creado el 3 de enero de 2009 por un informático desconocido utilizando el seudónimo de Satoshi Nakamoto. Se rumorea que es japonés y se le atribuye la creación de la primera base de datos basada en blockchain. Esta tecnología basada en blockchain es única porque se distribuye y protege mediante criptografía (o cifrado).

Desde su creación, Bitcoin ha ganado rápidamente popularidad y adopción generalizada. Para que conste, el primer cajero automático de bitcoin de Vancouver abrió el 15 de octubre de 2013. ¡Una primicia en el mundo! Posteriormente, a partir de septiembre de 2016, la compañía había instalado más de 70 distribuidores en todo el mundo.

Raymond Chabot Grant Thornton lanzó Catallaxy, un centro de experiencia en tecnología blockchain, en Quebec en 2017.

2011: Contratos inteligentes

Ethereum es un protocolo de intercambio descentralizado que permite la creación por parte de los usuarios de contratos inteligentes. La segunda generación se caracteriza por la mejora del código fuente de Bitcoin con su derivado, Ethereum. Esta nueva moneda se utiliza en particular para realizar contratos inteligentes. Aquí es donde la inteligencia artificial comienza a infiltrarse.

Los contratos operan a través de la automatización. En otras palabras, son programas basados en blockchain que se ejecutan cuando se cumplen condiciones predeterminadas. Automatizan el contrato, asegurando que todas las partes interesadas estén inmediatamente seguras del resultado de la transacción. Esta es una tremenda ganancia tanto a corto plazo como a lo largo del tiempo.

Estamos presenciando la aparición de criptomonedas adicionales como Monero y Nxt.

2017: Las nuevas monedas digitales superan los límites de los primeros arquetipos

Luego se desarrollan nuevas criptomonedas para contrarrestar las limitaciones de capacidad, seguridad y gobernanza de los primeros arquetipos. Estos incluyen EOS. IO, Cardano (ADA), AION, ICON (ICX) y Raiden Network (RDN). Estas monedas están emergiendo constantemente, y las ofertas de trabajo en este sector financiero también son incesantes. La plataforma CoinMarketCap vende más de 5,000 monedas digitales.

El Salvador se convirtió en el primer país en legalizar Bitcoin como moneda de curso legal el 7 de septiembre de 2021. Un proyecto del jovencísimo presidente de la República, Nayib Bukele, quien se proclama el presidente más genial del mundo.

¿Podemos etiquetar la moneda digital?

Bitcoin no es un instrumento del Estado, salvo el caso particular de El Salvador. Se dice que su valor es universal en la medida en que está determinado de manera totalmente flotante por el mercado.

Esta moneda no requiere ninguna superestructura para realizar la validación de la transacción. El proceso de validación iterativa se lleva a cabo desde software elegido al azar constantemente y en tiempo real.

"Bitcoin marca el comienzo de algo importante: una moneda sin gobierno, que es necesaria e imperativa"

—Peter Thiel

Esta moneda se emite lentamente de forma regular y decreciente hasta alcanzar un máximo de 21 millones, que está previsto para 2140.

Criptomoneda o criptoactivo

El término *"criptomoneda"* no es unánime. El Grupo de los Veinte (G20), que comprende los países más ricos, incluidos sus ministros de finanzas, líderes de bancos centrales y jefes de Estado, prefiere el término *"criptoactivo"*. *Esto* se debe a que no debe asociarse con la naturaleza regulatoria del dinero.

Como se señaló anteriormente, la tecnología Bitcoin permite que las transacciones se completen sin verificación de terceros. Esta moneda no está sujeta a requisitos de curso legal. Se refiere solo al mercado global.

Considere el caso extremo, o ejemplar, según sea el caso, de El Salvador, donde Bitcoin se está estableciendo resueltamente como la moneda legal y oficial del país. En particular, desde este anuncio el 7 de septiembre de 2021, "el precio de Bitcoin ha caído en más del 15%", según el asesor de inversiones Jean-Michel Clément.

Como resultado, el término "criptoactivo" ha adquirido un nuevo significado y ahora se refiere a los activos virtuales en este contexto. Debido a que solo se puede acceder a estas monedas a través de Internet, todas las unidades también se almacenan en Internet.

> *"Las actividades comerciales relacionadas con las monedas virtuales son actividades financieras ilegales"*
> –Banco Central de China

Los peligros de la moneda digital se han puesto de relieve en los últimos años. Una falla importante en la seguridad de Internet es que estamos tratando con información en un espacio virtual, por lo que no hay una red de seguridad física para evitar que los activos digitales sean pirateados. Las monedas digitales como bitcoin permiten a las personas comprar bienes y servicios de forma anónima, por lo que son adecuadas para actividades ilegales como el lavado de dinero o incluso el financiamiento del terrorismo. Además, debido a que estas transacciones no pasan por los sistemas bancarios tradicionales, hace que sea más difícil rastrear las compras ilícitas. Muchos ciberdelincuentes están operando desde países extranjeros, por lo que es poco probable que las medidas de ciberseguridad implementadas por las naciones desarrolladas sean efectivas para detener los ataques que se originan en el extranjero.

Existen numerosas paradojas que rodean el auge de la criptomoneda. Esta moneda permite el lavado de dinero, la recaudación ilegal de fondos, el fraude, los esquemas piramidales y otras actividades. Conduce al crimen, que altera el orden económico y financiero. Estas son las principales razones por las que ciertos países, como China, lo han declarado ilegal.

Además, Estados Unidos reclama un retorno a cierta estabilidad y posiblemente control de este mercado a través de la criptomoneda Tether. Es una moneda estable o criptomoneda estable. Debido a que está vinculado a una moneda tradicional como el dólar estadounidense, tiene baja volatilidad. Sin embargo, ¿cómo reaccionarán los mercados ante la reversión de una moneda que decía ser libre?

La pregunta sigue siendo cómo los líderes globales pueden trabajar en colaboración para desarrollar soluciones para salvaguardar los activos digitales y protegerse contra los peligros que plantean mientras capitalizan sus oportunidades.

[Análisis] Pegasus, el software que espía los teléfonos de los líderes

A medida que los teléfonos inteligentes se integran cada vez más en nuestra vida personal y profesional, las empresas crean aplicaciones sofisticadas que se pueden instalar y ejecutar en los dispositivos de las víctimas sin su conocimiento. Pegasus es spyware. La herramienta habría sido diseñada con vistas a la lucha contra el terrorismo, pero su uso va mucho más allá. Es un arma digital contra periodistas, abogados, activistas y especialmente líderes políticos.

SOFTWARE QUE DESAFÍA LA CIBERSEGURIDAD

El software Pegasus es propiedad de NSO Group Technologies, una empresa de seguridad informática fundada en 2010. Pegasus utiliza una función sofisticada para contrarrestar la seguridad de un sistema operativo en llamadas telefónicas y aplicaciones, incluidas Gmail, Facebook, WhatsApp, Facetime, Viber, WeChat, Telegram y aplicaciones de mensajería, incluida la de Apple. Tenga en cuenta que esta última está demandando actualmente a la compañía.

> *"Pegasus es el software más sofisticado para el espionaje privado".*
> —Lookout

El software controla la lista de contactos de la víctima, las ubicaciones GPS, las contraseñas personales, el *Wi-Fi* y el enrutador incorporado del dispositivo. Es extremadamente sofisticado y modular, además de permitir la personalización. Utiliza cifrado que lo protege de las herramientas de seguridad tradicionales y tiene un mecanismo de monitoreo y autodestrucción.

MÉTODO ATTACK

El ataque comienza con un simple esquema de phishing:

1. Pegasus envía un mensaje de texto con una URL de aspecto benigno.

2. El usuario hace clic en el enlace.
3. El navegador web abre y carga la página que explota la vulnerabilidad del navegador o del sistema operativo .
4. Pegasus luego instala software para recopilar información.
5. Control total del dispositivo por el software.
6. Pegasus se asegura de que el software permanezca instalado en el dispositivo.

El ataque se produce de forma silenciosa, sin que el usuario o los administradores del dispositivo informen nada. No hay ninguna señal para el usuario de que se están ejecutando nuevos procesos. Cabe señalar que Forbidden Stories enfatiza que los dos primeros pasos a veces se eliminan, y el spyware se puede instalar de forma remota en un teléfono inteligente sin ninguna acción de su propietario.

El spyware contiene un algoritmo que le permite espiar, recopilar datos e informar lo que el usuario está haciendo en el dispositivo. Una vez instalado y nombrado *residente*, pegasus spyware utiliza varios medios para ocultar sus comunicaciones y permanecer imposible de rastrear. Se conecta a muchas funciones del teléfono para recopilar datos e interceptar mensajes y llamadas. Además, los datos transferidos están encriptados, por lo que es imposible saber qué se ha espiado.

El software se utiliza a un alto nivel para atacar objetivos muy importantes. Es una herramienta con valor político. Aunque tal sistema revela fallas en nuestros dispositivos inteligentes, la mayoría de la población no está dirigida. No podemos deducir que todos estamos bajo vigilancia, pero ciertamente podemos concluir que las barreras de seguridad se pueden saltar.

> *"El software Pegasus promedia más de $ 25,000 por objetivo. –*
> Lookout, Análisis Técnico de Pegasus Spyware

Siguiendo a un consorcio internacional y gracias a la información compartida por las organizaciones Forbidden Stories y Amnistía Internacional, The Guardian hizo importantes revelaciones. Los gobiernos extranjeros usarían Pegasus contra disidentes, periodistas, diplomáticos e incluso clérigos. Se dice que cerca de 200 periodistas de 20 países diferentes han sido víctimas. Los clientes de spyware de Pegasus incluyen Arabia

Saudita, Emiratos Árabes Unidos, Hungría e India.

Tenga en cuenta que este software es solo un ejemplo de las acciones potenciales de este tipo de mercenarios cibernéticos u otras organizaciones que compiten en este campo.

En noviembre de 2021, el gobierno de los Estados Unidos incluyó a Pegasus en la lista negra. El spyware ha sido considerado contrario a la política exterior de Estados Unidos y a los intereses de seguridad nacional por parte de la administración Biden. Microsoft, Alphabet, Cisco Systems y Apple están demandando actualmente a la compañía.

> *"Pegasus es una herramienta repugnante y sórdida, inventada por mercenarios digitales".*
>
> *—Christophe Deloire*

Reporteros sin Fronteras ha estado pidiendo una moratoria sobre las ventas de software. La ex canciller alemana Angela Merkel también pidió más restricciones a las ventas. Interrogado por Forbidden Stories, el grupo NSO negó los hechos y dijo que continuaría investigando todas las acusaciones.

CAPÍTULO 6

LA IA Y EL FUTURO DE LA GUERRA

Ver a los refugiados y la matanza pública repartidas por las calles de Ucrania ha sido desgarrador para cada uno de nosotros. Con las bombas estallando en Europa, sin previo aviso, la humanidad vive aterrorizada después de darse cuenta de lo rápido que puede ocurrir la guerra en la sociedad actual, con conflictos entre las naciones y dentro de los propios países y con tantos personajes involucrados ahora, ya sea encubierta o abiertamente. Aquellos que vieron estos eventos desarrollarse aún no sabían si alguien podría detener la guerra y si la OTAN intervendría, por improbable que pareciera.

En una declaración rápida, el presidente de Rusia advirtió al mundo entero. Habría consecuencias que nadie había visto antes si alguien se involucrara, pero ¿de qué estaba hablando exactamente? Con todas estas nuevas tecnologías, ahora los humanos están haciendo tanto daño como beneficio. Cada vez que hay un invento viene una nueva arma que podría amenazar a toda la humanidad de una manera u otra. Hay armas letales que podrían destruir toda la vida en la tierra, y lamentablemente, seguimos por este camino.

Los grupos de derechos humanos han criticado el aparente desprecio de Rusia por la vida civil durante su invasión a Ucrania. Hablamos de crímenes de guerra, y algunos usan el término genocidio. No está claro si Rusia tiene acceso a vehículos armados autónomos. Sin embargo, si tales armas existen, probablemente desempeñarán un papel importante en la escala de las guerras.

Mientras tanto, otras naciones, como China, están acelerando su investigación militar sobre drones y es posible que ya posean suficiente potencia de fuego nuclear para rivalizar con cualquier país. A medida que la IA progresa a su ritmo actual, los humanos pronto se verán obligados a desarrollar marcos éticos para máquinas autónomas que pueden matar a distancias que eran desconocidas incluso hace un siglo.

Armas accidentales

La sabiduría convencional nos dice que la mayoría de los inventos son geniales porque ayudan a las personas a resolver problemas, reducir el sufrimiento, aumentar la productividad, etc. Nos dice que la invención es principalmente una fuerza para el bien en nuestro mundo, una idea reforzada por innumerables historias de genios que cambiaron la historia humana con una idea fantástica. Pero, ¿y si hubiera otro lado de la invención? ¿Qué pasaría si la gente pasara el mismo tiempo innovando formas de hacer el mal?

Muchas personas temen que la automatización y la inteligencia artificial que estamos desarrollando hoy en día resulten en una guerra futura, donde las armas autónomas se utilicen para destruir poblaciones e infraestructura crítica. ¿Es este un pensamiento descabellado inspirado en la ciencia ficción? Esta no es la primera vez que los humanos arman un invento, y no será la última.

Si hay algo que la historia nos ha enseñado, es cómo una invención beneficiosa puede llevar a consecuencias no deseadas o peligrosas. Mire la energía nuclear como un ejemplo. La humanidad pensó que estaba llegando a una fuente de energía fantástica. Pero en cambio, creó algo que podría destruir nuestra propia existencia. La energía atómica se utilizó ya en 1943 durante la Segunda Guerra Mundial. No fue hasta 1957 que los humanos hicieron su primera prueba exitosa con bombas nucleares, que se utilizaron efectivamente para la guerra solo dos años después.

Otro ejemplo de una invención es Internet, la World Wide Web. Inventado en 1989, Internet estaba destinado inicialmente a actuar como una herramienta de colaboración en línea entre científicos de todo el mundo para que pudieran compartir información e investigación más rápido que nunca. Desde entonces, sin embargo, se ha convertido en mucho más.

Considere el fuego y la miríada de posibilidades que revela. La gente ha utilizado el fuego como arma durante miles de años, desde velas montadas en postes hasta lanzallamas que pueden quemar calles enteras.

Luego están los explosivos. A pesar de haber sido inventada hace más de dos mil años en China, la dinamita, un explosivo desarrollado por el químico alemán Alfred Nobel, no hizo su debut público hasta 1867. Más tarde, la invención de Nobel sería fundamental para volar túneles y edificios en tiempos de guerra. Y aunque hay muchos usos pacíficos para los explosivos, desde la construcción hasta la minería y el desarrollo agrícola, estas herramientas fabricadas también se pueden usar como armas.

Cuando se inventaron los drones, inicialmente se utilizaron para ayudar a los agricultores a aumentar los rendimientos de los cultivos fotografiando las granjas. Todos estábamos extasiados por la perspectiva de usarlos como un servicio de entrega rápida. Este novedoso invento sin duda ha sido armado. ¿Quién lo dirá? Tal vez no tengamos que preocuparnos de que las entregas de Amazon se retrasen o se pierdan algún día. Es posible que tengamos que lidiar con drones autónomos volando alrededor de nuestras ciudades, detonando explosivos.

Invenciones destinadas a la destrucción

A medida que la tecnología ha evolucionado, también lo ha hecho la guerra, y las armas de hoy son ciertamente más avanzadas que las de la antigüedad. Los humanos han creado muchas armas que podrían hacer algún daño si cayeran en las manos equivocadas. Tanques, misiles, armas nucleares y drones fueron hechos para ayudar a los humanos a librar la guerra. La invención de la pólvora revolucionó la guerra, pero su capacidad destructiva no puede ser exagerada. A pesar de los mejores esfuerzos de los gobiernos para reducir su uso (con cosas como las leyes de control de armas), todavía tiene un impacto masivo en los conflictos en todo el mundo hoy en día.

Si retrocedemos en el tiempo, encontraremos muchos ejemplos adicionales de invenciones descaradamente destructivas. Durante la Primera Guerra Mundial, los científicos diseñaron el gas venenoso como un arma segura, y demostró ser altamente efectivo. Esta arma química se utilizó en la guerra durante unos 50 años antes de que los países prohibieran su uso para proteger a soldados y civiles por igual. Durante la Segunda Guerra Mundial, hubo competencia entre los científicos alemanes para desarrollar armas químicas aún más letales y eficientes. Como resultado, inventaron el gas Zyklon B, que se utilizó en los campos de concentración. Se estima que, como resultado de estos nuevos inventos armados, hasta 3 millones de personas murieron. Afortunadamente, ningún bando tenía acceso a armas nucleares, por lo que no podían desatar el Armagedón entre sí. Pero hoy, las cosas son muy diferentes. Muchos países tienen armas nucleares. Muchos grupos deshonestos tienen acceso a agentes químicos o biológicos. Hoy en día, las armas químicas están prohibidas por el derecho internacional porque podríamos controlar su poder antes de que se volvieran demasiado peligrosas para el mundo.

No se sabe qué tipo de estragos causarán los inventos armados una vez que la inteligencia artificial gane sensibilidad.

No tenemos que mirar demasiado atrás en la historia para darnos cuenta de nuestros peores temores. Cuando la Unión Soviética lanzó al espacio el Sputnik, el primer satélite de su tipo, en 1957, poco sabíamos que desencadenaría una nueva era en la guerra: la carrera espacial. Dos superpotencias competían por una posición en el espacio: Estados Unidos y Rusia. Los primeros disparos de la Guerra Fría fueron disparados por un Sputnik, no por un arma. La US hizo lo mismo con su propio programa satelital. Los estados-naciones han corrido para desarrollar armamento más sofisticado que sus adversarios. Es más probable que cada nueva arma se use contra civiles en una guerra (o simplemente por accidente).

Si bien hemos visto muchos ejemplos de invenciones armadas a lo largo de la historia, pronto podemos presenciar un tipo completamente nuevo de peligro planteado por la inteligencia artificial. La amenaza es que algunos estados incluso podrían comenzar a usar armas basadas en IA que sean lo suficientemente autónomas como para tomar sus propias decisiones sobre a quién y cuándo atacar. A medida que cada estado desarrolla armas de IA más avanzadas, obtienen una ventaja sobre sus adversarios e incentivan a otros a crear tecnologías similares. Esta rápida escalada eventualmente llevará a tantos países a tener acceso a armas tan peligrosas que será demasiado arriesgado para cualquiera usarlas. A medida que aumentan las tensiones entre los principales países, también lo hace nuestra necesidad de medidas más sólidas para mantener a todas las partes a salvo de los peligros de la IA y las invenciones armadas.

La militarización de la IA tiene implicaciones significativas para los conflictos internacionales

Desde el principio de los tiempos, los humanos han trabajado para poner fin a la guerra. Desafortunadamente, eso no parece que vaya a suceder pronto. Los países con ejércitos avanzados están liderando a otros países en la incorporación de inteligencia artificial en sus sistemas militares. Algunos países, como Rusia, China, Israel e incluso Corea del Norte, han invertido mucho en el desarrollo de armas impulsadas por IA. Sin embargo, es una carrera armamentista con pocos participantes. Estados Unidos lidera la incorporación de tecnología de inteligencia artificial en sus plataformas de armas convencionales y nucleares. Otras superpotencias importantes están trabajando en planes para usar IA en sus armas.

Las naciones deben descubrir cómo la IA puede servir mejor a sus intereses antes de permitir una mayor autonomía en los escenarios de batalla. ¿Cómo evitamos futuros desastres éticos? ¿Qué papel juega la transparencia? ¿Qué pasa con los grupos internacionales de aplicación de la ley como Interpol y Europol y cómo podrían influir en la militarización de la IA en todo el mundo? Estas preguntas y muchas otras, deben abordarse antes de que surjan problemas reales. Este problema no va a desaparecer pronto y hay mucho en juego.

¿Es la IA la próxima arma de destrucción masiva?

La mayoría de la gente se sorprendería al saber que la inteligencia artificial se ha utilizado para diseñar sistemas de armas durante décadas. La inteligencia artificial ha sido utilizada por las compañías militares y tecnológicas durante años, pero es solo recientemente que la tecnología ha llegado a donde se puede usar en el campo de batalla y en ataques de seguridad cibernética. Los oficiales militares creen que la inteligencia artificial tiene un potencial increíble para desarrollar estrategias de batalla y hazañas técnicas dentro de sus respectivos campos.

Los sistemas de armas de IA se utilizan principalmente con fines militares, pero podrían reutilizarse para la seguridad cibernética. Debido a que no están tripulados, se pueden desplegar a una escala mucho mayor que los vehículos operados por humanos. Esto podría ayudar a un gobierno a responder más rápidamente a amenazas peligrosas o lanzar ciberataques ofensivos contra la infraestructura electrónica de otra nación. Sin embargo, estas ventajas no están exentas de inconvenientes. Con los sistemas de armas de IA viene un nuevo conjunto de riesgos que no hemos considerado antes: riesgos asociados con drones armados, torretas de armas automáticas, virus informáticos convertidos en armas físicas ... y otros escenarios de pesadilla en los que ni siquiera usted quiere pensar. Aun así, si podemos aprender a manejar responsablemente estos riesgos, hay toneladas de oportunidades para que nosotros (como individuos) logremos avances significativos en la mejora de la estabilidad global y al mismo tiempo mejoremos nuestros propios mecanismos de defensa nacional. Solo tenemos que estar atentos y mantener nuestro ingenio, esto llevará a todos nosotros a trabajar juntos si queremos que funcione.

Los peligros de la IA se volvieron demasiado reales cuando los submarinos alemanes adoptaron un fusible de influencia magnética para torpedos, que fueron diseñados para ser liberados de los aviones. Aunque no era completamente automático, disminuyó las posibilidades de error humano y, por lo tanto, hizo que los submarinos fueran más efectivos y mortales. Después de que terminó la Segunda Guerra Mundial, los investigadores mejoraron los sistemas de navegación submarina para que los submarinos ahora pudieran operar tanto en aguas abiertas como bajo capas de hielo. Algunos países todavía usan armas lanzadas desde submarinos para intimidar a los oponentes políticos o matar a civiles.

Los peligros de la IA estarán en pleno apogeo cuando desarrollemos armamento que imite el pensamiento y la emoción humana. Un ejemplo perfecto es un sistema de defensa antimisiles, donde las computadoras trabajan juntas para crear una decisión precisa sobre cuándo y cómo disparar. El objetivo es que estos sistemas sean mejores que los humanos, pero como podemos ver en los ICBM terrestres actuales, los humanos tardan mucho tiempo en actuar juntos. Esta misma dificultad con la comunicación bien podría plagar la guerra futura, especialmente cuando la tecnología intensifique su juego y comience a tomar decisiones mucho más rápido que el hombre. Esto es algo para monitorear; si está buscando formas en que la inteligencia artificial podría salir mal, no busque más allá de nuestro arsenal nuclear. No será solo nuestra seguridad la que esté en riesgo, nuestra seguridad también se pondrá en peligro. Si bien muchas personas creen que la llamada IA de tipo Skynet enviará robots asesinos avanzados tras nosotros, los peligros reales provienen de otras direcciones. A diferencia de esas películas de James Cameron, uno de nuestros problemas puede no ser luchar contra las máquinas, sino estar limitados por ellas.

¿Qué pasará cuando las armas no puedan decir a quién le están disparando?

Los militares de todo el mundo están invirtiendo fuertemente en inteligencia artificial (IA) y más de 20 países están desarrollando armas que dependen de ella. Tendrán tiempos de respuesta más rápidos, requerirán menos humanos para monitorearlos y nunca se cansarán ni sufrirán de estrés o emoción. Lo que suena como una bendición para la seguridad humana es en realidad una amenaza para ella. Debido a que la IA todavía es tan nueva, no podemos predecir todas sus consecuencias, pero sabemos lo suficiente como para estar preocupados.

En 2009, un avión no tripulado estadounidense disparó contra un grupo de soldados estadounidenses que servían en Afganistán. El misil mató a dos soldados e hirió a otros dos, uno de ellos lo suficientemente grave como para necesitar ir a Alemania para recibir tratamiento. Esto fue un accidente, pero también reveló lo rápido que la inteligencia artificial puede cometer errores. Si bien los robots militares probablemente nunca serán conscientes de sí mismos, ya son lo suficientemente sofisticados como para tomar medidas de forma independiente, con consecuencias devastadoras si algo sale mal. Uno podría imaginar tal escenario que se desarrolla durante una guerra que involucra armas impulsadas por máquinas: un avión no tripulado podría confundir el uniforme de otro soldado con el de un combatiente enemigo o, lo que es peor, disparar a civiles o fuerzas aliadas por error. ¿Qué pasará cuando las armas no puedan decir a quién le están disparando? En este momento, nadie lo sabe.

Algunos expertos creen que las armas de IA podrían iniciar guerras entre naciones poderosas, lo que en última instancia conduciría a la aniquilación total. Un hacker que se propone causar el caos puede comenzar la Tercera Guerra Mundial en su lugar. Incluso si tal evento no es probable, lo que es seguro es que las bajas masivas causadas por la IA no se rastrearán fácilmente hasta su fuente real.

La última vez que hubo un movimiento serio hacia el control del uso de la IA fue con armas nucleares después de la Segunda Guerra Mundial; tal vez haya un impulso ahora. Pero parece claro que las organizaciones internacionales deben intervenir antes de que las cosas se vuelvan aún más peligrosas. La única manera de proteger a los civiles de los ataques lanzados por máquinas inhumanas es quitarles el control a esas máquinas. Cuanto antes los gobiernos del mundo trabajen en un plan para regular el armamento de la IA, mejor estarán todos. Tal vez algún día, miremos hacia atrás y pensemos en 2022 como el año en que la gente comenzó a tomar medidas contra los robots asesinos.

En Ucrania, ¿quién es responsable de los ataques autónomos con aviones no tripulados?

A pesar de la Declaración de Armas Autónomas Letales hecha en Estocolmo en 2018, actualmente se están utilizando drones asesinos, tanto en el lado ruso como en el ucraniano. Los drones, cuya abreviatura es UAV para vehículos aéreos no tripulados, pueden ser armas de combate militar. Luego se llaman UCAV para vehículo aéreo de combate no tripulado.

Mientras que algunos drones son pilotados de forma remota, otros poseen conducción autónoma. Además, algunos de ellos están específicamente programados para matar sin la intervención de un humano de manera autónoma.

La declaración de estocolmo

En la Conferencia Internacional Conjunta sobre Inteligencia Artificial (IJCAI) en 2018, más de 2.400 personas se comprometieron a enmarcar el uso de armas autónomas.

> *"Estamos de acuerdo en que la decisión de tomar una vida humana nunca debe delegarse a una máquina".–Elon Musk*

Sin embargo, los drones asesinos se están utilizando actualmente en la guerra en Ucrania. Tratemos de entender la capacidad de ataque de estas máquinas y su parte de responsabilidad en el conflicto.

El dron bayraktar TB2

Un dron TB2 cargado con misil MAM-L, creado por la firma turca Baykar, puede despegar, aterrizar y navegar de forma autónoma, gracias a su guía láser. Pero, la toma de decisiones, que consiste en lanzar las bombas, sigue siendo otorgada a un humano. Sin embargo, debe tenerse en cuenta que el sistema es lo suficientemente sofisticado como para guiar los ataques de artillería.

Hoy en día, nueve países los utilizan, incluida Ucrania, que tiene una veintena y actualmente está recibiendo otros nuevos. Según el sitio web de Baykar, el dron TB2 tiene aproximadamente 39 pies de largo y puede volar hasta 222 km / h. Puede transportar hasta 4 rondas inteligentes. Su autonomía de vuelo se estima en alrededor de 24 horas, habiendo alcanzado ya las 27 horas.

> *"Los drones Bayraktar valen 69 millones de dólares".*
> –El reportero de Breaking Defense Andrew Eversden.

Desde el comienzo del conflicto, este avión no tripulado sirvió a Ucrania destruyendo un obús ruso en la región oriental de Donbás. "Hoy en día, los rusos están empezando a experimentar con él y ciertamente tratarán de contrarrestarlo con otros tipos de drones", dice Andrew Eversden.

El dron lantset

Rusia tiene un dron kamikaze autónomo llamado Lantset. ZALA Aero Group (o A-Level Aerosystems) es la empresa rusa que fabrica estos drones. El Lantset es técnicamente un arma "merodeadora" diseñada para atacar:

1. tanques
2. columnas de vehículos

3. concentraciones de tropas

Una vez lanzado, rodea un área geográfica predefinida hasta que detecta uno de estos tres objetivos. Como un terrorista suicida, luego se sumerge en el objetivo y detona la ojiva que lleva.

Además de su ojiva, el dron incluye un módulo de reconocimiento, navegación y comunicación. Es capaz de "determinar las coordenadas de varias fuentes y objetos, sin navegación por satélite", según RealClearDefense.

El dron puede alcanzar objetivos dentro de un radio de 40 km y ser entrenado para atacar drones enemigos. Capaz de alcanzar una velocidad de 300 km/h en su inmersión, el Lantset puede golpear drones más lentos que él.

IA y estrategia militar

"Rusia ha hecho de la IA una prioridad estratégica", evoca Jeremy Kahn de la revista Fortune. En 2017, Vladimir Putin declaró que el líder de la IA se convertiría en "gobernante del mundo". Sin embargo, según el Centro Estadounidense de Análisis Navales, "Rusia se está quedando atrás de Estados Unidos y China en el desarrollo de la IA y sus capacidades militares".

Pero según Melissa Heikkilä de "POLITICO", China está suministrando a Rusia armas inteligentes más avanzadas que las utilizadas en Ucrania. A cambio, Rusia comparte con China cómo se integran los drones en las operaciones de combate. Además, recuerda el periodista, "esta es un área en la que Rusia tiene experiencia Siria probada en combate, de la que China carece".

Con la IA, "las decisiones se toman demasiado rápido para que los humanos las corrijan", señala Vivek Wadhwa, del Centro para el Interés Nacional. En tiempos de guerra, por lo tanto, uno puede esperar errores imperdonables.

La sinuosa cadena de responsabilidades

Un crimen de guerra viola las normas establecidas por el derecho penal internacional. Las acusaciones hechas por los Convenios de Ginebra a los generales y a Vladimir Putin de crímenes de guerra, deben ir acompañadas de pruebas. Sin embargo, estas pruebas son bastante complejas de proporcionar.

"¡Lo que los rusos están haciendo sobre el terreno, atacando a civiles, hospitales y periodistas, son crímenes de guerra!" —Annie Lafontaine, abogada y titular de la Cátedra de Investigación de Canadá en Justicia Penal Internacional y Derechos Fundamentales.

Si bien Ursula von der Leyenla, presidenta de la Comisión Europea, anunció el establecimiento por parte de la Unión Europea de un "equipo conjunto con Ucrania para investigar crímenes de guerra y crímenes contra la humanidad", se espera un trabajo desafiante.

Uno de los principales desafíos de estas acusaciones de crímenes de guerra será trazar la cadena de responsabilidades. En estas circunstancias, los drones militares autónomos (UCAV) tienen un estatus especial porque son máquinas que deciden matar por sí mismas. ¿Tendrán estos drones el título de General? Una pregunta asombrosa, pero muestra la trampa moral de estas armas.

La guerra en Ucrania y los riesgos de los conflictos cibernéticos

En la guerra, las armas se definen tradicionalmente como aquellas utilizadas para matar o herir directamente a un enemigo. Sin embargo, en el complejo mundo de hoy, también podemos considerar los ciberataques y las herramientas de piratería como armas.

Los expertos militares modernos reconocen que la IA no solo podría abrir nuevas tácticas en la forma en que se libran las guerras, sino también socavar los protocolos de seguridad cruciales. Las capacidades sin precedentes de la IA impulsan a muchos países a desarrollar sofisticados ataques de ciberseguridad. Estos programas ya han comenzado a violar los sistemas de seguridad tradicionales de TI, lo que hace que tal ataque sea demasiado realista. Si un hacker pudiera tomar el control del servidor de computadora central de un país y la ubicación central de prácticamente todas las computadoras en red, podría causar estragos en las medidas de seguridad nacionales. A primera vista, hackear el mainframe la unidad central de un gobierno parece casi imposible sin suficiente capacitación o acceso, hasta que se introduce la inteligencia artificial en la ecuación. La inteligencia artificial ya es capaz de producir peligrosos ataques de seguridad cibernética y pronto será una amenaza significativa para los gobiernos. Cada día, el peligro de la IA para la seguridad de la información crece, gracias a una mejor potencia informática, más fuentes de datos y avances en el aprendizaje profundo (DL). Una de esas amenazas es permitir que la IA controle cuándo y cómo ocurren los ataques de seguridad cibernética. La preocupación que algunos expertos tienen con la IA no es qué pasaría o cuándo ocurrirá un ataque, sino qué pasaría o cuándo alguien intentará usar la fuerza letal a través de técnicas de aprendizaje automático. Los líderes militares de todas partes están de acuerdo en que estas armas nunca deben caer en manos enemigas.

A medida que la IA se vuelva más poderosa, veremos un aumento de los ataques de seguridad cibernética utilizando técnicas de IA. Los hackers pueden usar estas herramientas para desarrollar ataques más rápido que nunca, lo que potencialmente hace que el ciberespacio sea un lugar peligroso. Estas herramientas podrían hacer que sea muy fácil para los atacantes lanzar ataques de denegación de servicio (DoS) o de denegación de servicio distribuido (DDoS) a gran escala sin tener acceso o conocimiento previo de ningún objetivo específico. De hecho, los ataques DDoS habilitados por la IA podrían ser tan rápidos y poderosos que los métodos de mitigación tradicionales se vuelven ineficaces.

Si bien algunos pueden pensar que la introducción de la inteligencia artificial en la seguridad cibernética sería beneficiosa para la defensa, no lo olvide: cualquier nueva tecnología que creemos podría fácilmente volverse contra su creador de maneras imprevistas.

¿Qué sucede cuando los hackers desarrollan herramientas de hacking inteligentes? Los hackers comenzarán a usar la inteligencia artificial como su asistente entrenando a las computadoras para hacer un trabajo tedioso pero sencillo. No tendremos forma de saberlo hasta que sea demasiado tarde, y eso ni siquiera tiene en cuenta si las herramientas creadas por IA cometerán errores basados en errores humanos, motivación política o cualquier otro número de factores. Después de todo, ¿queremos que los robots tomen decisiones de vida o muerte por nosotros? O tal vez estas máquinas no estarán a la altura de tareas tan esenciales, tal vez existan principalmente para atacar nuestra infraestructura más vulnerable, como los centros de transporte o los centros de datos.

¿Quién es el responsable?

Elon Musk una vez tuiteó sus preocupaciones sobre la IA convirtiéndose en una amenaza existencial para la humanidad. Sus comentarios atrajeron críticas de algunas figuras prominentes de la tecnología que apoyan los avances en inteligencia artificial. Si bien nadie quiere creer en una amenaza existencial de la IA, algunos expertos advierten contra la creación de máquinas demasiado inteligentes. La IA podría tener muchos beneficios, pero esos beneficios pueden no suceder, explica el profesor Max Tegmark del MIT. Eso hace que la IA se parezca más a la fusión nuclear, algo que a todos les gustaría si funcionara, pero sería peligroso hasta que supiéramos cómo hacerlo bien. Y dese cuenta de que tenemos mucho que aprender de nuestra historia cuando se trata de IA. Debemos preguntarnos: ¿quién es responsable de monitorear la IA en la era digital actual? ¿Y cómo actuará la humanidad si las máquinas se vuelven demasiado poderosas?

No hay duda de que la inteligencia artificial se está desarrollando rápidamente, con innovaciones desde DeepMind hasta OpenAI. Al igual que el cofundador de Google DeepMind, Mustafa Suleyman, otros han dicho que están estudiando el uso de la IA para fabricar armas más inteligentes. Las armas y los drones de seguridad podrían ser fácilmente desarrollados y financiados por los departamentos de defensa de todo el mundo. Muchos científicos informáticos creen que se requiere una regulación más estricta de la investigación de IA antes de que ocurran tales eventos (a muchos les preocupa que sucedan demasiado pronto).

¿Cómo controla cada país las tecnologías informáticas de un enemigo para continuar defendiéndose contra los ciberataques artificiales y dirigidos por humanos?

Haga una pausa

Más de una década después de que los principales científicos pidieran por primera vez la prohibición de los robots asesinos, los países de todo el mundo todavía están lidiando con la forma de regular los sistemas de armas de IA. ¿El mayor problema? Es imposible definir un sistema de armas de inteligencia artificial. Sabemos que tales sistemas de armas, cualesquiera que sean, serían devastadoramente efectivos en los campos de batalla modernos donde la mayoría de los soldados ya no pueden coincidir con las máquinas de guerra controladas por computadoras.

Es hora de que demos un paso atrás y nos demos cuenta de lo que estamos haciendo con la tecnología. Si no tenemos cuidado, el ingenio humano podría desarrollar un nuevo conjunto de peligros para que los resolvamos (o erradiquemos). Lo mismo puede suceder si no pensamos cuidadosamente sobre cómo la inteligencia artificial afectará a la humanidad en el próximo siglo. La IA puede hacer nuestras vidas más fáciles, pero también puede crear inadvertidamente más problemas de los esperados. Aprendamos de los errores del pasado.

La máquina de guerra ha llevado a varios avances humanos a lo largo del tiempo, pero también nos ha hecho complacientes y apáticos a otros peligros que han tenido lugar justo debajo de nuestras narices. A medida que la humanidad avanza en la tecnología AI, corremos el riesgo de programar máquinas con mentalidades similares. Después de todo, ya tenemos dificultades para entender algunas cosas que hacen, solo imagina cuánto peor será si no sabemos lo que están pensando. Depende de nosotros crear sistemas inteligentes sin hacernos daño.

Cualesquiera que sean las líneas morales que queramos trazar sobre qué tipos de innovación deben permitirse, debe quedar claro que las invenciones a menudo pueden cruzar las fronteras éticas sin ningún esfuerzo por nuestra parte. A medida que la IA se vuelve cada vez más inteligente y omnipresente, continuará evolucionando de maneras fuera de nuestro control. Es por eso que siempre debemos tener cuidado cuando se trata de una invención de AI porque incluso las buenas pueden terminar siendo armadas o reutilizadas por los humanos. Usted nunca sabe qué consecuencias no deseadas pueden tener sus creaciones... pero tal vez debería. Después de todo, la historia ha demostrado repetidamente que las únicas limitaciones impuestas a una herramienta son las impuestas por su(s) creador(es). Aquí, la conclusión es simple: cualquier cosa creada por el hombre eventualmente se usa contra el hombre. Dada otra herramienta, alguien en algún lugar descubrirá cómo abusar de ella, por lo que imploro a los expertos que trabajan para desarrollar inteligencia artificial: disminuya la velocidad, aléjese de sus terminales de desarrollo por ahora.

Puede pensar que sus avances ayudarán a proteger a las personas, pero ¿quién le impide crear accidentalmente algo mucho más nefasto que cualquier cosa actualmente en nuestro arsenal? Los humanos nunca han tenido muchos problemas para armar descubrimientos antes, y dudo que demostremos ser diferentes. Así que por favor, por el bien de todos, simplemente HAGA UNA PAUSA.

PARTE II

INVESTIGACIÓN Y DESARROLLO EN ÉTICA DE LA IA

CAPÍTULO 7

EL VALOR DE UN ALGORITMO

Los datos digitales tienen un valor innegable hoy en día. Es el nuevo oro negro. ¡El aceite de la inteligencia artificial! Pero, ¿por qué razones siguen siendo valiosos los datos, incluso los datos anónimos?

Esta búsqueda de datos está en todas partes a través de la digitalización de documentos administrativos, la adquisición frenética de información y la consolidación de datos por base de datos software. Maximizamos la recogida de datos como si de harina se tratara. Llenamos los silos con datos digitales para asegurar nuestra fortuna en los próximos días. La adquisición nos tranquiliza. ¡Sentimos que nos estamos haciendo más ricos!

El punto crítico a recordar aquí es que los datos no tienen un valor inherente; le asignamos valor en función de cómo lo usamos (o pretendemos usarlo). Tal vez los datos tienen un valor digital intrínseco basado en su potencial para mejorar el rendimiento empresarial o las operaciones. Pero agregar valor es como hornear; lo que haces con los datos determina su valor.

¿El problema? ¡La mayoría de las empresas no saben qué hacer con esos datos! No pueden obtener ningún valor de ello porque no utilizan herramientas de inteligencia artificial que les ayuden a analizar sus datos y hacerlos útiles. El tiempo y el dinero invertidos en la recopilación de esos datos se desperdician. Así como la harina no vale nada sin una receta, los datos no valen nada por sí solos. Deriva todo su valor y significado de los algoritmos. El objetivo de un algoritmo es encontrar patrones en los datos, crear una estructura a partir del caos y proporcionar soluciones cuando no las hay. De la misma manera, los algoritmos sin datos tampoco valen nada. Cuando los dos se usan juntos, se convierten en herramientas increíblemente poderosas. Sin un algoritmo, el reinado de los datos digitales es un señuelo.

¿Cómo asignamos valor a algo dentro de una ideología de compartir?

¿Se define el valor en función del beneficio obtenido a través de la IA? Debemos contextualizar los datos como una entidad que viaja en un universo cuya ideología dominante es compartir, Internet. Con los algoritmos de acceso abierto *(Open Source)* y los datos disponibles *(Open Data)*, ¿cuál se convierte en el valor de lo digital? ¿Está determinado por el *trabajo* de los usuarios de Internet? ¿Este valor del algoritmo se convierte en la referencia principal?

El valor de la IA en los negocios

Los algoritmos permiten productos, servicios y, en última instancia, procesos de negocio cada vez más inteligentes. Los algoritmos se pueden valorar en términos de los beneficios generados por el desarrollo de aplicaciones inteligentes. Los beneficios de una empresa se pueden ver tanto desde el punto de vista del cliente más objetivo como desde los procesos internos de la empresa resultantes de la optimización de la producción.

La sabiduría convencional nos dice que el juicio humano, la perspicacia y los procesos de toma de decisiones son cruciales para el éxito empresarial. Si bien esto era cierto durante la era industrial, eso ya no es así en la tecnología de la información. La inteligencia artificial se está convirtiendo rápidamente en uno de los activos más valiosos que cualquier empresa puede poseer. Esta puede ayudar a una organización a dar sentido a los vastos datos y convertirlos en información procesable sobre el comportamiento del consumidor, la innovación de productos, el marketing, etc. Me gustaría señalar algunos ejemplos de cómo los algoritmos inteligentes han impactado las operaciones comerciales.

Inteligencia de procesos

Cualquier negocio puede optimizar sus procesos de gestión de la información. Las acciones que se adhieren a un procedimiento bien definido pueden automatizarse. Todo, desde los análisis bancarios hasta la facturación y la lectura de documentos, se puede automatizar. Algunos son posibles gracias al aprendizaje automático, mientras que otros son posibles gracias al procesamiento del lenguaje natural (PLN).

Los conocimientos inteligentes

Los conocimientos inteligentes ofrecen una oportunidad sin precedentes para que las empresas comprendan cómo se utilizan sus productos y servicios, quién los compra y dónde se compran. Analizar el comportamiento del consumidor hace que sea cada vez más fácil predecir lo que es probable que compre un cliente.

Cuando se implementa correctamente, la información inteligente brinda a las empresas conexiones más profundas con sus clientes, al tiempo que ayuda a eliminar el fraude y disminuir el riesgo. El fraude se puede identificar en tiempo real. Por ejemplo, las compañías de tarjetas de crédito ahora analizan los patrones de gasto y la actividad en las redes sociales para evaluar si es probable que alguien que realiza una compra pueda pagar esa transacción o no.

Abundan muchos otros casos de uso. Algunas aplicaciones incluyen las siguientes:

- Detectar problemas técnicos, como fallos o ralentizaciones, y corregirlos sin la participación humana. Estos procesos inteligentes mantienen las computadoras funcionando sin problemas para un rendimiento óptimo.
- Modelado de perfiles psicológicos para reclutadores.
- Complementando los cálculos actuariales para las

aseguradoras.
- Difundir noticias a las audiencias más receptivas.

Inteligencia de compromiso

Las soluciones de compromiso inteligente incluyen un software innovador impulsado por inteligencia artificial que permite una comunicación y colaboración internas y externas efectivas dentro de las organizaciones en tiempo real. Varios ejemplos incluyen los siguientes:

- Los agentes inteligentes ahora pueden ofrecer servicio al cliente todos los días y en cualquier momento. Gracias al procesamiento del lenguaje natural del cliente, los chatbots resuelven problemas como los relacionados con las contraseñas o cualquier otro problema de configuración.
- Las aplicaciones basadas en la web proporcionan capacitación, difunden conocimientos y describen políticas corporativas para los nuevos empleados.
- Los sistemas de recomendación de productos se difunden en las redes sociales, acompañados de imágenes y frases que pueden influir en los consumidores.

La mejor manera de entender estas aplicaciones de IA es a través de un ejemplo práctico. Supongamos que tiene un negocio en línea y utiliza la inteligencia de conocimiento (discutida anteriormente) para determinar que la mayoría de los clientes compran su producto entre las 8 y las 11 a.m. Ustedinvolucra a esos clientes utilizando la inteligencia de procesos, hace algunas pruebas y descubre que enviar un correo electrónico promocional de lunes a viernes a las 10 a.m. conduce a una participación significativamente mayor del comprador que enviarlo al mediodía. Para que sus promociones sean más efectivas, las envías a las 10 a.m. en lugar del mediodía. Cada vez que ejecuta una promoción que funcionó bien antes, funciona bien porque está siguiendo patrones de compromiso y procesos comprobados en tiempo real. Aprovecha los flujos de datos actuales para obtener acceso a lo que funciona ahora en lugar de solo a lo que funcionó ayer o el año pasado.

Desde varios puntos de vista, la inteligencia artificial permite a las empresas obtener ganancias significativas. Pero la IA no es como una herramienta que puede comprar. Puede comprar datos, comprar aplicaciones o pagar a los programadores, pero ¿de dónde proviene el valor agregado?

El valor de los algoritmos y *el trabajo digital*

El valor más significativo de los algoritmos es posible gracias a los usuarios de Internet. La información proporcionada por los usuarios de Internet permite mejorar el análisis del procesamiento del lenguaje natural. La entrada de datos en sí se devuelve al usuario. Cada formulario completado para un concurso o registro para un espectáculo es una entrada de datos digitales cargada de poder. ¡Vroum!

Trabajo digital

Muchas personas pueden sorprenderse al saber que se han involucrado en el trabajo digital sin darse cuenta. Sí, un blogger o administrador de redes sociales puede pasar mucho tiempo en LinkedIn o Twitter, interactuando con otros a través de blogs y publicaciones. El problema es que algunas plataformas no consideran el trabajo como mano de obra (o, si lo hacen, algunos usuarios no son compensados). ¿Cómo es esto posible?

Para empezar, definamos con precisión el trabajo digital. Por definición, el trabajo digital se refiere a las actividades en línea realizadas principalmente para obtener ganancias monetarias. La parte difícil es que el labor digital no paga a todos sus participantes. Antonio Casilli, en su libro "¿Qué es el trabajo digital?" co-escrito por Dominique Cardon, analiza la noción de trabajo digital.

> *"Por Trabajo Digital, nos referimos a las actividades digitales diarias de los usuarios de plataformas sociales, objetos conectados o aplicaciones móviles".*
> —Antonio Casilli

Podemos pensar en fans o entusiastas que generosamente comentan en las redes sociales. Son bloggers, embajadores y titulares de marcas, y todos ofrecen sus preferencias y conocimientos. Son cada vez más numerosos y además, nosotros mismos nos convertimos en embajadores a nuestro nivel.

Las multitudes se convierten en turbas inteligentes cuando las poblaciones se analizan de acuerdo con su movilidad y comportamientos. Las propias masas proporcionan toda la información necesaria para que los algoritmos actúen sobre ellas. De hecho, cada vez es más fácil politizar a un grupo de población y empujarlo a actuar. Las multitudes se politizan fácilmente.

> *"Los usuarios de Internet, a través de sus intercambios y contribuciones, producen un valor gratuito que las plataformas monetizan".* –Dominique Cardón

Cualquier entrada de datos y todos los clics, en general, contienen información que puede aumentar el poder de este o aquel algoritmo. Somos, por lo tanto, proveedores de valor algorítmico. Lo que más valor les da son nuestros comportamientos sociales y el intercambio de nuestro lenguaje natural. Este intercambio es ilimitado.

> *"No hay límite para los datos del mundo y los usos que se pueden diseñar".* -Éric Sadin

Éric Sadin, en su libro "La silicolonización del mundo", explica este intercambio: "No hay límite para los datos del mundo y los usos que se pueden diseñar. "Lo que se llama la 'economía de los datos' es inagotable. Quiere sacar provecho de cada gesto, respiración, relación, etc. No quiere renunciar a ningún espacio, tiene la intención de utilizar cada momento de la vida y quiere convertirse en uno con toda la vida. "

Pero, en este aumento ilimitado en el campo de las posibilidades, ¿cómo medimos los beneficios de la IA? Es en sí mismo ilimitado. Pero, a diferencia del oro y el petróleo, es un recurso inagotable. Es una forma de economía colectiva que produce una inteligencia colectiva, un concepto propuesto por Éric Sadin.

El valor estándar del algoritmo

Los algoritmos añaden valor a los procesos de negocio y aceleran la economía digital. Este valor es infinito porque los algoritmos son impulsados por los propios usuarios, de acuerdo con su propia voluntad.

> *"Todo sucede como si el mercado hubiera tomado el control de la inteligencia colectiva de la web tomando el poder de sus algoritmos".* —Éric Sadin

¿Cuál puede ser el estándar o punto de referencia que permita la medición en este principio de valoración infinita? ¿El algoritmo en sí? Según Eric Sadin, no parece haber un valor unitario para los datos. "Es su transformación a través de un mecanismo de agregación, cálculo, comparación, filtros, rankings o recomendaciones lo que da sentido y valor a los datos digitales. "

Por lo tanto, el algoritmo es valioso. Gana valor primordialmente como resultado de nuestro uso de la tecnología digital. Sin embargo, hacemos esta valoración a pesar de que no queremos y, a menudo, ni siquiera sabemos que lo estamos haciendo.

La noción de un valor específico del algoritmo no es extraña. Sin embargo, este valor es difícil de cuantificar. Por un lado, el principio de valoración es ilimitado y empuja constantemente los puntos de referencia más allá. Por otro lado, la persona que hace o escribe el valor actúa en su propio interés y, a menudo, por placer personal mientras interactúa en Internet. Esta pregunta debe hacernos conscientes del trabajo inconsciente que realizamos diariamente para aumentar el poder de los algoritmos.

CAPÍTULO 8

ENTENDIENDO ALGORITMOS

Los misterios del algoritmo

Con frecuencia escuchamos: "El algoritmo de Facebook ha cambiado. Es por eso que ya no veo las mismas publicaciones ni recibo nuevos anuncios". Sentimos lo mismo sobre otras plataformas de redes sociales, como Instagram. Sin embargo, los algoritmos que nos rodean son mucho más presentes, dinámicos y diversos de lo que creemos. Pero, ¿qué son exactamente estos algoritmos? ¿Cómo funcionan? ¿Cómo ha influido la evolución de los algoritmos en la vida cotidiana?

Según Wikipedia, un *algoritmo es una secuencia finita e inequívoca de operaciones o instrucciones para resolver un problema u obtener un resultado.*

Los algoritmos se utilizan en matemáticas e informática para resolver problemas complejos de la manera más eficiente posible. Son procesos codificados, similares a cómo seguimos un conjunto de instrucciones en una receta de cocina. Un algoritmo es, en última instancia, un conjunto de instrucciones a seguir, no es solo una palabra elegante para un programa de computadora. Es una fórmula predefinida para resolver un problema.

También vale la pena señalar que los algoritmos no siempre son numéricos. Pueden ser simplemente una lista de tareas a completar, como en la receta de cocina. Sin embargo, debido a que hay tanto misterio en torno a la inteligencia artificial, atribuimos una especie de magia a los algoritmos. Por ejemplo, cuando hablamos del algoritmo de Facebook, tendemos a demonizarlo un poco por miedo a lo desconocido.

> *"La gente necesita una palabra para describir el mundo confuso, opaco y, a veces, dudoso del* aprendizaje automático, y el *algoritmo se está convirtiendo en esa palabra. "*
> —Significa E/S

Los algoritmos digitales se remontan a la invención de las propias computadoras, pero han existido mucho más tiempo que eso. La palabra algoritmo se deriva de un matemático persa, Abulcasis, que fue el primero en describir un algoritmo en su trabajo médico enciclopédico alrededor del año 1000 d. C. Ese algoritmo original se parecía poco a los algoritmos actuales; consistía principalmente en diagramas y descripciones para realizar diferentes procedimientos quirúrgicos. Sin embargo, el concepto básico estaba ahí. Hoy en día, los algoritmos están en todas partes, desde la música que disfrutamos hasta las aplicaciones en nuestros teléfonos, e influyen en cada parte de nuestras vidas.

Cinco algoritmos famosos

Algoritmo de Euclides

El algoritmo de Euclides es un método eficiente para calcular el mayor divisor común (GCD) de dos números. Es uno de los algoritmos más antiguos conocidos y se remonta a la antigua Grecia. Trescientos años antes de Cristo, Euclides creó un algoritmo para encontrar los divisores comunes más grandes de dos números positivos o enteros. A pesar de su antigüedad, sigue siendo extremadamente útil hoy en día en diversas aplicaciones, desde la teoría de números hasta la criptografía.

Algoritmo de Dijkstra

En informática, el algoritmo de Dijkstra es un algoritmo de búsqueda de grafos para encontrar los caminos más cortos entre los nodos de un gráfico. Inventado en 1957 por un investigador holandés, el algoritmo permite determinar el camino más corto de un punto a otro teniendo en cuenta las redes de carreteras existentes. En su forma original, calcula solo las longitudes de las rutas, utilizando un solo nodo de origen y un nodo de destino. La aplicación más conocida del algoritmo de Dijkstra es calcular las rutas más cortas entre los nodos de una red de transporte (como las redes de carreteras).

PageRank (en inglés)

Se dice que este es el algoritmo más famoso del mundo. Inventado en 1997 por Larry Page, cofundador de Google, para clasificar las páginas web de acuerdo con su popularidad e influencia en la red, PageRank es una forma de clasificar los sitios web en función de cuántas veces se ha vinculado el sitio. Esto indica importancia y precisión, lo que permite a los usuarios determinar rápidamente qué páginas contienen la información más valiosa. Desde entonces, se ha convertido en una parte esencial del motor de búsqueda de Google: cuanto más se vincule a él, más alto aparecerá su sitio en los resultados; por el contrario, si no lo vincula, su página será empujada hacia abajo. (Google afirma que han refinado tanto el algoritmo que factores como el recuento de palabras y la popularidad general ahora son considerados.)

CRUSH

CRUSH es un algoritmo de probabilidad utilizado por la policía en Memphis, Tennessee, para determinar áreas con alto riesgo de delincuencia y desplegar patrullas policiales allí. Tiene en cuenta datos como delitos anteriores, la densidad de población de la zona y la proximidad a una comisaría. La técnica fue creada a principios de la década de 1990 por dos matemáticos: William H. Woodruff, Ph.D. (Universidad de Chicago), a quien se le ocurrió por primera vez la idea de la solicitud, y George T. Ridley Jr., Ph.D. (Departamento de Policía de Memphis). El nombre significa Crime Risk—Geographically Unified Statistical Hypothesis, aunque a menudo se asume incorrectamente que es un acrónimo.

TrueAllele

TrueAllele es un algoritmo de teoría de la probabilidad desarrollado por el Dr. Mark Perlin y su equipo en Cybergenetics para interpretar mezclas de ADN. Se utiliza para determinar la probabilidad estadística de las combinaciones descubiertas durante las pruebas forenses, en otras palabras, la probabilidad de que dos personas estén conectadas o no conectadas a un delito. Permite un genotipado de ADN rápido y probabilístico para resolver crímenes.

Hay muchos otros tipos de algoritmos que se utilizan en una variedad de aplicaciones. Algunos ahora están siendo desafiados porque pueden resultar en discriminación debido a sesgos causados por la escasez de datos o la identificación errónea inicial.

Algunos tipos de implementación algorítmica

Algoritmos recursivos versus iterativos

Un algoritmo recursivo es cualquier función que se invoca a sí misma directa o indirectamente durante su ejecución. Un algoritmo es recursivo si el código se puede ejecutar de nuevo, por ejemplo, una secuencia de Fibonacci donde cada número es la suma de los dos dígitos anteriores (0, 1, 1, 2, 3, 5, 8).. La idea básica detrás de un algoritmo recursivo es resolver un problema dividiéndolo en versiones más pequeñas y lidiando con esos problemas más pequeños. Luego aplica cualquier solución que haya ideado para esos subproblemas al problema original. Este proceso continúa hasta que las soluciones de subproblemas producen soluciones triviales o se ha cumplido una condición de detención.

Como ejemplo, Monsieur Jourdain, en Bourgeois Gentilhomme de Molière, explora todas las formas galantes de escribir un dulce post: *"Hermosa marquesa, tus hermosos ojos me hacen morir de amor. . De amor, hazme morir, tus hermosos ojos, Hermosa marquesa... Por* lo tanto, utiliza un proceso recursivo al enumerar todas las ocurrencias posibles.

Un algoritmo es ***iterativo*** cuando hay un bucle de repetición. Un algoritmo iterativo repite un proceso particular repetidamente hasta que se logra un resultado específico. Las soluciones se refinan sucesivamente. Si utiliza alguna aplicación en línea, es muy probable que haga uso de un algoritmo iterativo para hacer las cosas. Estos algoritmos se ejecutan a través de su conjunto de datos varias veces, haciendo ligeros cambios cada vez. Este tipo de algoritmos son comunes cuando ves que Google o Facebook te muestran publicaciones relacionadas después de terminar de leer un artículo o ver un video. También tienen usos prácticos fuera del mundo digital; los científicos a menudo usan algoritmos iterativos para ejecutar experimentos y llegar a nuevas conclusiones.

Uno puede preguntarse por qué necesitamos ambos tipos de algoritmos; la respuesta se reduce a la eficiencia y la precisión. El problema con la recursión es que para cada iteración, debe haber espacio de pila reservado para la memoria que debe mantenerse. Por lo tanto, la mayoría de estos tipos de algoritmos no se utilizan muy a menudo en aplicaciones prácticas porque consumen mucha más memoria que sus contrapartes iterativas. Sin embargo, algunos problemas solo se pueden resolver a través de algoritmos recursivos.

Lógica

Esta es la base de la programación lógica. El algoritmo es entonces una deducción lógica controlada. Las proposiciones fundamentales están definidas, y los supuestos aplicados a estas proposiciones (o axiomas) también están predefinidos.

En serie versus en paralelo

Antes de que las computadoras fueran una cosa, los algoritmos existían en forma de series. Un algoritmo de serie se logra paso a paso; cada paso debe terminarse antes de pasar al siguiente. Ejemplo: La historia de hacer pan pasó de hacer que la gente amasara su masa al uso de levadura, lo que permitió que la masa se sentara durante la noche y se elevara, lo que eventualmente llevó al uso de un horno que permitiría un aumento continuo debido a la temperatura caliente. Los algoritmos con pasos paralelos son aquellos en los que se pueden trabajar simultáneamente múltiples partes del problema. Si bien es posible que no todos se unan a la vez, hay un esfuerzo simultáneo para resolver todos los componentes involucrados dividiendo el proceso en pedazos. Esto permite abordar varios problemas diferentes simultáneamente en lugar de completarlos consecutivamente.

En términos generales, se supone que las tareas de los algoritmos se ejecutan una por una, es decir, en serie. Sin embargo, algunos algoritmos trabajan en paralelo, procesando múltiples instrucciones simultáneamente. Los algoritmos iterativos pueden hacer esto en paralelo, al igual que los algoritmos de clasificación.

Los algoritmos paralelos se ejecutan más rápido porque no requieren esperar entre iteraciones u ordenar pasos de la manera en que lo hace un algoritmo en serie. Sin embargo, si alguna parte del producto final se olvida o no se tiene en cuenta lo que debe suceder primero, toda la operación se derrumba. La otra cara del paralelismo es que no tiene tanta estructura como los procesos secuenciales y, por lo tanto, tiene más oportunidades de errores y bloqueos del sistema.

Determinista o no determinista

Los algoritmos deterministas realizan tareas predefinidas para resolver un problema. Los algoritmos **nondeterministas**, por otro lado, tienen la autonomía para elegir, en cada etapa, la mejor solución.

Algunos algoritmos son inherentemente deterministas. Para dar un ejemplo extremo, si una computadora tarda tres horas en procesar una secuencia de números, no importa cuántas secuencias se le haya pedido previamente a la computadora que procese. Cada secuencia siempre tomará tres horas. Cualquier otra cosa que ocurra en la Tierra durante esas tres horas (o incluso si todo el universo es destruido), la computadora no completará su procesamiento antes de tres horas desde que comenzó. Esto hace que este tipo de algoritmos sean ideales para el seguimiento del tiempo y la programación de eventos y citas; todo lo que necesita recordar son los tiempos de inicio y finalización de la tarea, y el algoritmo calculará la duración de la tarea con una precisión del 100 por ciento.

Algunos algoritmos no son deterministas en absoluto. En lugar de tomar la misma cantidad de tiempo independientemente de su historia o entradas, los algoritmos no deterministas pueden producir resultados diferentes cada vez que se ejecutan. A veces dan varios resultados posibles basados en la entrada del usuario u otros factores externos.

Los tipos de implementación de algoritmos no son todos iguales. Sin embargo, algunas características se superponen y nos dan una mejor imagen de las familias de algoritmos. Otro aspecto que podemos analizar es la forma de diseñar los algoritmos. Hay muchos métodos.

Diferentes formas de diseñar un algoritmo

División (Clustering)

Recursivamente, el algoritmo divide las tareas en subconjuntos para simplificar al máximo las instrucciones a seguir. Una lista a ordenar, por ejemplo, se divide en sublistas y se ordena por separado, esto se denomina partición de datos.

Programación dinámica

El término "programación dinámica" fue acuñado por Richard Bellman en 1953. Aquí, los subconjuntos creados se pueden superponer al análisis algorítmico. El dinamismo está habilitado por la memoria en forma de caché, y las soluciones óptimas a los subproblemas determinan la solución óptima al problema.

El método codicioso (algoritmo greedy)

La técnica codiciosa trata siempre de encontrar una solución óptima tomando siempre lo que parece ser una solución óptima en cada paso. En este caso, los subproblemas no necesitan ser conocidos en cada etapa del proceso. El algoritmo busca un árbol de expansión de peso mínimo o un árbol de expansión mínimo (MST). El algoritmo de Kruskal es un buen ejemplo. Permite, entre otras cosas, la eliminación de enlaces marítimos menos rentables al preservar el acceso a los distintos puertos.

Programación lineal

Este es el tipo de algoritmo más simple. Este tipo de programación fue desarrollada en 1947 por George B. Dantzig. La programación lineal se utiliza para resolver problemas complejos de toma de decisiones que tienen un solo objetivo (por ejemplo, maximizar las ganancias). La solución óptima es la que produce el mejor resultado posible para un problema en particular. Por lo tanto, encuentra la mejor manera posible de optimizar un objetivo determinado.

Reducción

Una reducción es un algoritmo que toma un problema complejo y lo reduce a uno más simple. En otras palabras, descompone algo más grande en sus partes componentes que son más fáciles de resolver. Un buen ejemplo es merge sort, que divide una matriz grande en otras más pequeñas, ordena cada una de esas matrices en memoria y las combina todas. En matemáticas, esto consiste, por ejemplo, en encontrar la mediana de una lista desordenada. El algoritmo comienza ordenando una lista para derivar directamente el valor promedio.

El uso de gráficos

El proceso consiste en generar resúmenes por medio de gráficos o, más precisamente, estructuras de datos. Es una forma de modelado. Este tipo de algoritmo resuelve problemas como los del ajedrez.

Probabilidad

El método probabilístico se basa en estadísticas. Se observan tres modelos diferentes:

- **Probabilístico:** Tomar decisiones aleatorias.
- **Genética:** Imitando el principio de supervivencia. Este método utiliza datos biométricos para considerar las mejores soluciones.
- **Heurística:** El objetivo de este proceso es encontrar la solución más económica.

Avances en el desarrollo de algoritmos

Tenemos que creer que nos estamos moviendo de un algoritmo a otro. A través de esta marcha progresiva, de hecho continuaremos, en la mayor medida posible, aprendiendo tanto como sea posible sobre este modo de operación y la creciente prominencia de estos "discretos impulsores del presente, estos compañeros de cuarto de nuestras vidas personales", como dice la periodista Isabelle Paré en Le Devoir.

CAPÍTULO 9

CAMPOS DE INVESTIGACIÓN

Emulación de memoria

¿Podemos emular la memoria humana?

La memoria es un proceso de datos selectivo muy complejo. El de los ordenadores apunta al almacenamiento temporal o permanente de Big Data. La de la IA se incrementa con el análisis de las secuencias correspondientes. Nuestra memoria individual se ve afectada por nuestros estilos de vida y funciones como un músculo más o menos entrenado. ¿Y nuestra memoria colectiva?

Ya sea colectiva o individual, la memoria es una forma de ser en relación con el tiempo. A través de la memoria, tratamos de captar el tiempo esquivo. Queremos ser inmortales. La memoria, por lo tanto, toma su significado en finitud, lo que hace que una cosa tenga un principio y un fin. Es inútil e ilógico en un proceso infinito.

Un deseo de inmortalidad

Aunque nuestros intentos humanos de inmortalidad han sido en vano, son la fuente de todas nuestras creaciones artísticas. Buscamos superar nuestra finitud representándonos a nosotros mismos y a lo que nos rodea. Gracias a la inteligencia artificial, ¿seremos capaces de hacernos inmortales?

Gracias a la IA, el análisis de los sistemas neuronales nos permite soñar con esta inmortalidad. Varios proyectos están en marcha para una emulación completa del cerebro humano. ¿Seríamos entonces capaces, algún día, de transponer nuestra conciencia en un medio que no sea nuestro cuerpo?

El conexionismo es una teoría que puede explicar los procesos mentales mediante el modelado de cálculos neuronales. Estos teóricos afirman que algún día seremos capaces de explicar la conciencia humana de esta manera.

Proyectos en curso

El Instituto de Tecnología de Massachusetts (MIT) ahora enseña ciencias de la conectómica. El estudio de los conectomas permite el mapeo del sistema nervioso y el cerebro. El objetivo es crear un mapa completo de las conexiones del cerebro humano.

El Proyecto Conectoma Humano NIH (Instituto Nacional de Salud) mapea el cerebro humano en sujetos sanos (Universidad de Washington en St. Louis, Universidad de Minnesota, Universidad de Oxford).

El Proyecto Cerebro Humano (HBP) es un proyecto de investigación basado en una infraestructura colaborativa entre neurociencia, informática y neurología. Está financiado por la Unión Europea. Es un proyecto de la Comisión Europea para el futuro y las tecnologías emergentes. El HBP está coordinado por la École Polytechnique Fédérale de Lausanne.

En Montreal, la Universidad McGill y el Centro alemán de Investigación de Jülich se están uniendo para crear el proyecto Big Brain. Una plataforma para compartir datos y cálculos en relación con el Proyecto Europeo de Cerebro Humano y el programa canadiense Healthy Brains for Healthy Lives.

Se está investigando la posibilidad de una emulación completa del cerebro humano.

> *"Soy escéptico de que podamos realizar un escaneo no destructivo para el cerebro"*
> .—Anders Sandberg

Además, se están llevando a cabo pruebas tridimensionales con el objetivo de crear ordenadores neuronales. La capacidad de cómputo parece suficiente porque los dispositivos de almacenamiento más grandes suben a millones de megabytes.

Tiempo de captura

Digamos que ya estamos en alguna emulación cerebral. ¿Qué nos importará poder reproducir nuestro cerebro? ¿Estaremos más informados sobre nosotros mismos? El primer deseo, más profundo y más fundamental es el de la inmortalidad, pero no estamos allí.

Uno de los principales obstáculos para la inteligencia artificial es el cuerpo. El segundo es la interacción del cuerpo humano y la mente. Si bien podemos reproducir tejido animal y un mapa completo de nuestras interacciones neuronales, no controlamos simultáneamente el contexto individual de las actividades cerebrales. El mapeo completo del cerebro solo puede tener sentido al estar conectado a la individualidad. Se podría decir sólo por estar encarnado.

La experiencia nos permite construir nuestra imaginación de donde provienen nuestros recuerdos. Es posible reproducir un experimento casi en su totalidad. Pero para una emulación completa, sería necesario integrar todas las experiencias vividas. Un hecho difícil de imaginar.

De hecho, la memoria humana, aunque es una facultad intelectual, es inseparable del cuerpo. Está imbuido de la suma de nuestras sensaciones y puede ser activado por las sensaciones. ¡Recuerda *las pequeñas magdalenas de Marcel Proust!* Nuestra memoria captura información sensorial e interfiere con nuestras otras facultades intelectuales, como la deducción o el cálculo. Es una facultad encarnada. Varios animales también están claramente dotados de memoria, como las aves migratorias. Esta facultad de reminiscencia está ligada al tiempo porque forma parte de una narrativa completa.

Memoria colectiva vs individual

¿Será capaz el experimento dirigido a la emulación completa de un cerebro humano, integrar memoria? Memoria de solo lectura, *tal* vez. Es la facultad de recopilar tanta información como sea posible. Memoria RAM; posiblemente. En la medida en que simplemente consiste en almacenar temporalmente información para liberar espacio. Pero la memoria humana.

Aprender un texto de memoria significa usar nuestra memoria de almacenamiento. Recordar eventos es buscar información más o menos precisa sobre un evento. Pero, ¿qué pasa con la memoria espontánea? ¿De la que surge de una sensación? Mientras que recordar un texto es un proceso consciente, un recuerdo desencadenado por una sensación es inconsciente. Esta memoria involuntaria es muy compleja porque se activa por sensaciones externas (estímulos) pero tiene sentido gracias a un evento significativo. ¿Seremos algún día capaces de hacer una emulación completa de nuestro inconsciente?

Memoria digital

A medida que cada uno de nosotros construye, poco a poco, nuestra identidad digital en la web, nuestra memoria colectiva está creciendo. Nuestras historias se recogen e integran en un todo dinámico. Esto significa que al mismo tiempo que contamos nuestras vidas, cambiamos nuestras vidas por las de los demás. No es nuevo, pero está amplificado.

> *"Cuentos, diarios, fotos, cine y poesía: tantas herramientas del arsenal de la humanidad en la guerra contra el lavado del tiempo".*
> —Simón Parkin

Además, al igual que con la aparición de la escritura, podemos temer una disminución en nuestra facultad de memoria con la inteligencia artificial. Pero como la escritura no parece habernos reducido, la inteligencia artificial probablemente solo será la ocasión para una alteración de nuestra memoria.

Conexionismo vs simbolismo

¿Qué modelo cognitivo para la inteligencia artificial?

Adquirimos conocimientos y habilidades debido a una variedad de experiencias. Varias veces, nos caemos de nuestra bicicleta para volver a subirnos a ella y finalmente encontrar el equilibrio perfecto, luego el dominio del movimiento. El grado de conocimiento de estos fenómenos varía de una persona a otra, al igual que la agilidad. Entendemos el conjunto de principios físicos que nos impulsan a nuestra manera. Se dice que algunos son bastante intuitivos, y otros son algo racionales. Pero, de media, aunque cada uno aprenda a su manera, conseguimos subirnos a una bici en poco tiempo. Es una curva de aprendizaje relativamente fácil.

¿Cómo podría un robot aprender a andar en bicicleta?

¿Aprendemos por deducción o inducción?

¿Tendremos que inculcar en el robot todas las leyes de la física para que entienda el equilibrio, la elevación, el peso, la velocidad, etc.? ¿O será suficiente para que le ayudemos a comprender, por inducción, las consecuencias de sus propios movimientos? Por ejemplo, identificará qué desviación produce un guijarro debajo de las ruedas cuando un factor similar lo ha llevado allí.

Deducción

¿Y por qué un robot debería aprender a andar en bicicleta? ¿Por qué no tendría, desde su concepción, todas las habilidades necesarias para andar en bicicleta? Desde esta perspectiva, nuestro robot y la bicicleta serían solo una máquina, conduciendo de forma autónoma. ¿Poseería entonces, en la memoria, todos los hitos necesarios para esquivar los obstáculos? Tiene que almacenar un número infinito de ocurrencias de diferentes obstáculos para predecir la reacción correcta; si un animal se cruza en el camino, por ejemplo.

Inducción

Por el contrario, ¿no preferiríamos inculcarle el poder de aprender de sus propios errores y ser capaces de reconocer la presencia de un animal a través de factores circundantes, como la presencia de su depredador?

> *"El aprendizaje profundo es lo que hace que una máquina vea sus errores, aprenda de sus errores y aprenda de ellos para mejorar su rendimiento".* —Pierre Mounier-Kuhn

Así, podríamos darle al robot el poder de hacer conexiones, que él mismo habrá identificado, para permitirle reconocer una situación de riesgo y actuar en consecuencia. Luego procedería por inducción, analizando los fenómenos para producir inferencias. Es un enfoque llamado *Down-Up*, o retrospectivo.

Aprendizaje por símbolos

Si hablamos de inteligencia artificial, es porque es análoga a nuestra inteligencia humana. Por lo tanto, cuanto más tratamos de entender nuestra propia inteligencia, más somos capaces de reproducirla.

Como modelo cognitivo, el simbolismo propone una visión abstracta de la mente. Comienza con las leyes para entender los fenómenos. De hecho, asume que las leyes de la física son lógicas y universales. También demuestra que cada situación concreta tiene una explicación. Sueña, al final, con una copia fiel de nuestra mente. Es un enfoque que se caracteriza como *Top-Down* o prospectivo.

El papel de las emociones

Los análisis que se centran en las emociones y la posibilidad de programarlas han abierto todo un campo de reflexión. Ahora estamos cuestionando su papel, no solo porque nuestras emociones son parte de nuestra inteligencia, sino también porque la desarrollan. Por nuestra voluntad y debido a las repeticiones de gestos, incorporamos los movimientos correctos para hacer, anticipando y evitando los obstáculos. Nuestros sentimientos, nuestro estado de ánimo y nuestra motivación, todos estos elementos parecen, con razón, ser parte de nuestro aprendizaje.

Anticipamos nuestras actitudes y visualizamos nuestras reacciones. Ya no necesitamos pensar. Podemos ocupar nuestras mentes con otra cosa mientras aprendemos más.

Aprendiendo a través de las conexiones, creamos

Nos preguntamos si aprender a andar en bicicleta se hace por deducción, aplicando lo que ya hemos aprendido, o por inducción, analizando los hechos. ¿Cómo funcionan nuestros procesos mentales? El conexionismo explica la actividad cerebral, y especialmente el aprendizaje, en forma de interacciones. Son los diferentes fenómenos que nos rodean los que nos permiten crear conexiones y predecir situaciones. Luego emitimos enlaces (conexiones), y gracias a estos enlaces, mejoramos nuestro juicio.

Los enlaces que creamos son conexiones

El profesor Yoshua Bengio, fundador y director de Mila (el Instituto de Inteligencia Artificial de Quebec), es considerado el precursor del enfoque del conexionismo. De hecho, es el pionero del aprendizaje profundo. El enfoque que defiende parte de la interpretación neurofisiológica, según la cual nuestros procesos mentales pueden explicarse por la interacción (no lineal) de unidades simples a través de varios niveles de neuronas.

Podemos imaginar este dinamismo: las neuronas son las unidades simples, y las conexiones son nuestras sinapsis.

Aprendizaje profundo

Las redes neuronales artificiales (ANN) son sistemas informáticos inspirados en redes neuronales biológicas. Estos sistemas informáticos inspirados en el cerebro han demostrado ser influyentes en muchas aplicaciones de aprendizaje automático, incluido el reconocimiento visual de objetos, el reconocimiento de voz e incluso el juego. Para comprender mejor las RNA, primero pensaremos en redes neuronales biológicas como las que se encuentran en los cerebros de los animales: son colecciones de neuronas conectadas de maneras específicas. Cada neurona es una unidad de procesamiento increíblemente simple; toma una señal de entrada de otras neuronas y le agrega algún valor ponderado antes de transmitir su propia señal de salida. Este proceso se repite una y otra vez a través de cada capa de neuronas interconectadas hasta que se llega a lo que se llama un "cerebro" de neuronas, la etapa final donde las capas se combinan en una sola señal de salida. El cerebro humano tiene alrededor de 100 mil millones de neuronas, lo que significa muchos billones de conexiones entre ellas.

Si bien las redes neuronales artificiales no son tan complejas como sus contrapartes biológicas, todavía comprenden miles o millones de nodos. Y al igual que con los cerebros reales, estos nodos toman entradas de otros nodos y transmiten valores a través de conexiones ponderadas. De hecho, tanto las redes neuronales artificiales como las biológicas funcionan utilizando algoritmos similares para el procesamiento de la información: funciones de activación prealimentación. Las funciones de activación de Feedforward son simplemente operaciones matemáticas utilizadas para transformar entradas en salidas apropiadas para capas posteriores de neuronas.

El aprendizaje profundo se basa en redes neuronales modeladas a partir de sistemas biológicos. Estas redes tienen capas de neuronas artificiales, que procesan mucho y luego transmiten sus resultados a otras capas. En el aprendizaje profundo, estas capas se apilan una encima de otra, por lo que obtienes potencia de procesamiento extra neuronal. Esto permite a las computadoras reconocer patrones que no esperaríamos que captaran, como identificar objetos en fotos o traducir idiomas. A medida que se procesan más datos a través de estas redes neuronales profundas, se vuelven más competentes en sus trabajos. Por analogía, el aprendizaje profundo de la inteligencia artificial se realiza utilizando conexiones entre unidades simples repartidas en varios niveles (*capas*). La noción de profundidad proviene de la presencia de estos niveles (etapas, capas o estratos) interconectados.

> *"Lo que se almacena en la memoria no son los hechos, sino más bien las relaciones entre los diversos aspectos de esos hechos".*
> —David E. Rumelhart, James L. McClelland

Para dirigir nuestra bicicleta y conducirla correctamente, tuvimos que adquirir muchos conocimientos. Las conexiones visuales, sensoriales o racionales nos permiten identificar áreas de riesgo y evitarlas. Sin embargo, estas conexiones no siempre son explicables porque son subjetivas y están vinculadas a nuestras propias experiencias. A veces es difícil explicar por qué decidimos realizar un movimiento en lugar de otro; confiamos en nuestros instintos, ¿podríamos decir?

Esto plantea la pregunta, ¿nuestra libertad de movimiento nos permite hacer cosas que estamos acostumbrados a hacer porque estamos acostumbrados a hacerlas tan a menudo? Una pregunta que parece obvia pero que revela, en cierto modo, la complejidad de la conducción autónoma. Si los drones de hoy en día pueden demostrar la conducción autónoma, es porque aprenden por su cuenta, haciendo conexiones que a veces ignoramos.

El "aprendizaje" se realiza de diferentes maneras. Aprendemos a través del estudio, a través del conocimiento, o a través de la experiencia y la deducción. Además, aprendemos si queremos, con o sin guía. La máquina, la que parece superarnos en aprendizaje, ¿qué hace más o mejor que nosotros?

Adiestramiento

Si bien el aprendizaje puede ser bastante aleatorio y no tener otro propósito que el conocimiento en sí, el aprendizaje automático cumple con objetivos específicos. El aprendizaje está condicionado a responder a un solucionador de problemas o realizar una tarea en particular.

¿Cómo se enseña algo? Por ejemplo. El aprendizaje automático es una forma de enseñar a las computadoras cómo aprender. Los humanos aprenden observando e imitando a otros, y también lo hacen las máquinas. Para entrenar un algoritmo de aprendizaje automático, lo exponemos a muchos ejemplos de entradas y sus correspondientes salidas, llamadas datos de entrenamiento.

> *"Hacer que un programa sea capaz de aprender de los datos de muestra sin ser programado".*
>
> —Arturo Samuel

En el aprendizaje automático, los algoritmos desarrollan su know-how adquiriendo e interpretando un conjunto de datos. Aprenden a desarrollar modelos que mejoran los procesos. En situaciones nuevas, nuestro cerebro utiliza su propio conocimiento para hacer un juicio y actuar. Los algoritmos hacen lo mismo. Se supone entonces que, para tomar tal o cual decisión, los algoritmos proporcionan soluciones más ricas que las nuestras.

Se pueden distinguir dos grandes categorías de aprendizaje: aprendizaje supervisado y no supervisado.

Supervisión del aprendizaje o su nivel de autonomía

Aprendizaje supervisado

En la supervisión de algoritmos, se realiza una anotación antes del proceso de aprendizaje. Este es el momento del etiquetado. Los "datos de entrada" se anotan de antemano. Ya tienen una etiqueta o clase de destino cuando ingresan al sistema. Por lo tanto, el aprendizaje automático permite a los algoritmos a través del entrenamiento predecir nuevos objetivos. El algoritmo aprende a reconocer la presencia de similitudes para deducir nuevas ocurrencias.

Aprendizaje no supervisado

Por el contrario, el aprendizaje no supervisado supone que los datos de entrada no están etiquetados. El propio algoritmo debe encontrar las similitudes entre los modelos y crear conjuntos. Ya no solo aprende a identificar similitudes, sino también a determinar puntos en común entre dos inferencias para crear una categoría. Este es un principio de deducción bastante avanzado.

Los diferentes tipos de algoritmos

Un algoritmo de regresión

Hablamos de regresión cuando esperamos que el algoritmo entregue datos de salida con un valor continuo, como un número. Los datos de salida suelen ser predicciones de cantidades o tamaños. Evaluar el precio de una casa es un buen ejemplo. O, cuando queremos determinar el costo por clic de un anuncio web, hay regresión, como señala el profesor Yannis Chaouche.

¿Cómo es esto una regresión? En matemáticas, la regresión se refiere a la determinación de la magnitud aproximada de un fenómeno correspondiente a una cierta magnitud de otro fenómeno. Esta función de generalización se utiliza para predecir asociaciones y su magnitud entre datos que aún no se han observado. Sin embargo, la generalización sigue siendo aproximada. No se trata aquí de producir resultados con una precisión óptima. Como resultado, se debe verificar la calidad de los datos de salida. Estos resultados deben validarse utilizando datos testeados.

Un algoritmo de clasificación

Por otro lado, si estamos tratando de obtener datos de salida con un valor discreto, como una categoría, estamos tratando con una clasificación. Cuando queremos determinar si una foto representa a un gato o a un chimpancé, hacemos una clasificación.

Tomemos el ejemplo de los precios de la vivienda. Un algoritmo de clasificación puede intentar predecir si las casas se venden más o menos al precio minorista recomendado. A continuación, el algoritmo utiliza dos valores discretos: por encima o por debajo del precio de venta recomendado.

Un algoritmo de agrupación en clústeres

Cuando el resultado del modelo de entrenamiento es un conjunto de conjuntos de datos de entrada, se trata de un problema de agrupación. La agrupación de datos no etiquetados o no etiquetados en conjuntos es una función de agrupación o agrupación. También podemos hablar de particionamiento. Esto implica crear conjuntos a partir de clústeres homogéneos (partes, paquetes). Además, este conjunto de datos a menudo se compara con un árbol con varios clústeres.

El proceso de agrupación se realiza de forma autónoma por la máquina. Los datos se clasifican en subgrupos de acuerdo con un principio de similitud. El comportamiento social de un cliente le permite predecir si hará esta o aquella compra. La elaboración de perfiles está hecha. Si dos flores tienen la misma forma, entonces están relacionadas con una estructura subyacente común.

Un algoritmo de asociación

En los casos de aprendizaje no supervisado, la asociación es una función de descubrir ciertas relaciones entre los atributos de los datos. Existen varios tipos de clasificación, como la clasificación jerárquica, no jerárquica, y las basadas en modelos de densidad o estadísticas.

Para ir un poco más allá, deberíamos explicar qué es el aprendizaje profundo. Esto se puede entender imaginando un conjunto más complejo de capas no lineales amalgamadas abstractamente. Cada capa tomaría como "entrada" la "salida" de la capa anterior. Se trata de procesos formados por árboles complejos que permiten el desarrollo de tecnologías avanzadas, como el reconocimiento facial, la visión aumentada o el procesamiento del lenguaje natural (PNL).

Podemos recordar que el aprendizaje automático es similar e inspirado por nuestra facultad de aprendizaje. Partiendo del principio de que el máximo de datos permite el mejor aprendizaje, podemos sospechar que una máquina supera con creces nuestras capacidades relacionadas con la memorización del conocimiento. Entonces, ¿qué pasa con el aprendizaje automático que se realiza minimizando los datos? ¿Es un proceso similar al nuestro y con el que podríamos comparar nuestras capacidades?

Minimización de datos

Cuando la simplificación se convierte en un problema
La minimización de datos es un principio simple que se aplica a la protección de datos. Es en reacción a la proliferación excesiva de BIG DATA y tiene como objetivo, en primer lugar, la protección de la información personal.

Minimización de datos: un principio
La adquisición de datos se ha convertido en una fiebre del oro. Los sistemas están almacenando cada vez más, y maximizar esta información es a veces uno de los objetivos de negocio para las organizaciones.

Ante la explosión en la cantidad de datos accesibles, un reflejo protector es dejar el menor número posible de "huellas dactilares" de nuestra información personal. Por lo tanto, para proteger la información personal, se recomienda a las empresas que no realicen copias de seguridad de los datos de sus clientes o usuarios indefinidamente. Así, el primer paso parece ser la destrucción de datos, uno de los elementos de su ciclo de vida.

Además, el principio de minimización de datos también debe aplicarse en el momento de la recopilación. Por lo tanto, se alienta a las empresas a seleccionar los datos más relevantes que cumplan con sus objetivos.

> *"Si el objetivo de un servicio es recomendar una rutina de ejercicios, debe limitarse a deducir las ubicaciones de los usuarios".*
> —Ciberseguridad y privacidad de las ciudades inteligentes

El uso de los datos también debe enmarcarse de acuerdo con el principio de minimización. Una vez más, el límite de uso de los datos generalmente se establece haciendo referencia a los objetivos de la aplicación. La transferencia también debe respetar el principio de minimización y el acceso a los datos.

Según Wenlin Han, Yang Xiao, la minimización de datos requiere esto:

- La posibilidad de recopilar datos personales sobre otras

personas debe reducirse al mínimo.
- Los datos personales recopilados deben reducirse al mínimo.
- El tiempo de almacenamiento de estos datos personales recopilados debe reducirse al mínimo.

La minimización es un proceso de limpieza de datos que debe tener lugar a lo largo de su ciclo de vida.

Las ventajas del principio

¿Por qué esta "limpieza" es efectiva para la protección de datos? Sobre todo, aborda la principal preocupación frente al Big Data: la fuga de información sobre nuestra vida personal.

Protección contra robos

Una gran base de datos es más interesante para los hackers. Por lo tanto, limitar la información recopilada por las redes de comunicación es un obstáculo obvio para el robo de datos. En algunos casos, los diseñadores de estas redes también pueden recomendar límites al uso o retención de datos. También es la forma más simple y efectiva de reducir el riesgo de fugas. Limitar los datos de acuerdo con el principio de minimización protege contra las fugas de datos personales y el uso indebido. Una filtración significativa de esta información puede destruir fácilmente un negocio o incluso conducir a cargos de negligencia criminal.

Gestión de datos mejorada

El almacenamiento de datos puede ser un presupuesto importante para las empresas. Cuanto más se expande el Internet de las cosas, más empresas e individuos se enfrentan a desafíos de gestión de datos. Las soluciones en la nube son a menudo métodos muy accesibles para almacenar datos. Con frecuencia son datos privados e identificables. Minimizar los datos también reduce los costos de administración.

Hay problemas con este principio

Falta de procesos concretos

Este principio de minimización de datos parece abordar la mayoría de las preocupaciones de privacidad. Sin embargo, pocas organizaciones proporcionan métodos concretos para proteger la privacidad durante el proceso de limpieza. Las empresas tienen derecho a elegir qué datos relevantes conservar. ¿Una solicitud de recursos humanos, por ejemplo, decidirá registrar el estado civil de un individuo a pesar de que solo necesita considerar información relevante?

Un principio débil
Generalmente, los datos se recopilan sin grandes filtros. Luego se limpia. Pero las fugas pueden ocurrir en el momento de la recolección.

> *"Pocos sistemas en torno a los conceptos de Internet de las Cosas y Big Data se adhieren a este principio de minimización".*
> —Stuart Sumner

La mayoría de los sistemas están diseñados para absorber y transmitir la mayor cantidad de datos posibles, y la seguridad suele ser baja o casi completamente ausente.

La minimización de datos mitiga amenazas significativas, como el monitoreo, la identificación, el uso secundario y la divulgación. Pero es arbitrario o depende de los objetivos particulares de las empresas. Es por eso que la ética está en el centro de las decisiones sobre datos y se convierte en una parte importante en la determinación de los objetivos comerciales.

Las oportunidades y amenazas del aprendizaje profundo

Algoritmos de aprendizaje automático altamente avanzados, logrando hazañas increíbles en visión por computadora y procesamiento de lenguaje natural. Sin embargo, estos sistemas están cada vez más plagados de consideraciones éticas que deben abordarse para que la tecnología pueda aplicarse de manera efectiva en el mundo de los negocios.

Las aplicaciones actuales de aprendizaje profundo se han centrado en mejorar la visión por computadora y el procesamiento del lenguaje: ¿qué pueden hacer los sistemas de aprendizaje profundo que los humanos no pueden? A medida que se invierte más tiempo en la investigación, encontramos nuevas formas de utilizar los sistemas de aprendizaje profundo.

Algunos sistemas de aprendizaje profundo han pasado de no poder hacerse a ser increíblemente difíciles de hacer mejor que eso en unos pocos años, lo que ha provocado que algunos comentaristas se preocupen por la pérdida de empleos a gran escala en industrias ya precarias (por ejemplo, conducción de camiones y comida rápida). A medida que estos sistemas se implementan a escala, ¿qué consideraciones éticas podríamos tener en cuenta? ¿Cómo nos aseguramos de que estos sistemas actúen de manera ética y responsable al interactuar con humanos u otras máquinas, como vehículos autónomos o equipos médicos automatizados? ¿Cómo podemos asegurarnos de que reflejen nuestros valores en lugar de solo los de sus creadores u operadores? Estas preguntas solo se volverán más apremiantes a medida que la IA se vuelva más sofisticada. Si bien puede que no haya respuestas fáciles, explorarlas ahora nos ayudará a adelantarnos a posibles problemas y asegurarnos de no repetir errores pasados.

Escrutabilidad

¿De dónde vienen las recomendaciones?

Para evitar cualquier desviación que ponga en peligro nuestros derechos humanos, solicitamos una mayor transparencia en los sistemas de IA. En este caso, también discutimos la explicabilidad. Es la capacidad de los sistemas para explicar sus procesos, haciéndolos más éticamente robustos. Los algoritmos que demuestran escrtabilidad son aún más robustos.

Hablando de escrutinio, uno podría imaginar ser espiado hasta que seamos escrutados en cada detalle. El término se refiere más bien a la verificabilidad de una declaración. Se dice que un algoritmo es escrutable si puede ser científicamente verificable. Por lo tanto, el algoritmo se examina en sus detalles más pequeños en lugar del usuario. Este es un requisito ético adicional para la IA. Con un algoritmo rastreable, el usuario tiene el control del proceso de modelado. Por ejemplo, sabe cómo se recopilan los datos y entiende el tipo de análisis realizado, como al recibir recomendaciones de compra.

¿Qué es el escaneo de IA?

Un sistema inteligente basado en leyes

El escrutinio es una posición teórica basada en ideales fundamentales. La verdad de una tesis se basa entonces en el hecho de que puede ser verificada por leyes, como las leyes naturales. Se dice entonces que la verificabilidad de la tesis se basa en principios fundamentales. Este enfoque, por lo tanto, supone que todas las afirmaciones válidas pueden, en principio, ser verificadas y justificadas por verdades fundamentales. Transpuesto a algoritmos, un algoritmo escrutable es verificable y justificado por leyes o reglas.

Un sistema inteligente cuyos algoritmos son descifrables

Además, se dice que un algoritmo es escrutable solo si podemos descifrarlo. Sin embargo, no podemos descifrar todos los algoritmos. Este es el fenómeno de la Caja Negra. Algunos algoritmos se generan automáticamente, sin explicación y sin conocimiento de las conciliaciones. En el aprendizaje automático, algunos algoritmos aprenden sin que sepamos exactamente cómo lo hacen. No conocemos todas las conexiones que se han hecho.

El caso de las recomendaciones a los usuarios
Judy Kay, profesora de ciencias de la computación en la Universidad de Sydney, se interesó en el concepto de escrutinio en el caso del modelado de usuarios en el diseño de aplicaciones. Ella cree que deberíamos saber por qué acabamos de recibir una recomendación de película, por ejemplo, navegando por *Facebook*.

Para evitar errores y sesgos, argumenta que los procesos de asignación de preferencias, por ejemplo, deben ser examinados. Los modelos de usuario eliminables son aquellos en los que el usuario tiene control sobre la información almacenada sobre él. El usuario también debe ser consciente del análisis y las suposiciones realizadas con respecto a sus datos personales.

> *"Si bien son efectivos, los sistemas de recomendación tienen un escrutinio y transparencia limitados".*
> —Krisztian Balog, Filip Radlinski y Shushan Arakelyan.

Los beneficios del escrutinio
El escrutinio es un enfoque científico de arriba hacia abajo, que va desde los principios hasta los juicios de valor. El rigor explicativo y demostrativo requerido por la escrutabilidad no es el resultado del consecuencialismo o la ética deontológica. No se trata aquí de analizar las consecuencias nocivas de un sistema de inteligencia artificial. Más bien, se trata de escudriñar los algoritmos, en sus más mínimos detalles, para comprobar si las decisiones tomadas por la IA, como enviarnos recomendaciones, son bien comprensibles y transparentes.

> *"Donde falla el escrutinio, falla la explicación transparente de Down-Up".* —David J. Chalmers

En los casos de recomendaciones, podemos argumentar que conocer la fuente del etiquetado no es tan importante porque hay mucho en juego.

Sin embargo, si transponemos el escrutinio a modelos de aprendizaje automático sin supervisión, vemos que afecta a todas las áreas. Una aplicación de reconocimiento facial, por ejemplo, no se examina constantemente. De hecho, no siempre sabemos por qué ciertas asociaciones de tipo hipotético son admitidas e integradas en el sistema. No sabemos exactamente por qué una cara fue identificada como uigur en lugar de otra.

La investigación en términos de escrutinio de algoritmos es reciente, y podremos saber más en los próximos meses, pero ya podemos entender que este enfoque es más severo y lo que sacudirá los debates en ciberseguridad.

El escrutinio parece ser más una cuestión de ética de la virtud que de consecuencialismo o deontología. Esta posición requiere un análisis ascendente del origen de los algoritmos. ¡Un nuevo requisito de transparencia en el modelado de algoritmos que será monitoreado de cerca!

CAPÍTULO 10

¿ES "EQUIVOCARSE" SOLO HUMANO?

Estúpida IA

Los sistemas inteligentes son lo suficientemente inteligentes como para entender muchas cosas, pero no con una precisión del 100%. En un mundo donde las personas utilizan constantemente la tecnología para la recopilación de información, es importante recordar que las computadoras no siempre pueden entender lo que queremos decir y, a veces, llegar a conclusiones que no teníamos la intención de que lo hicieran.

Un algoritmo puede interpretar una ilusión óptica como una representación precisa de la realidad. Esto se debe a que los sistemas inteligentes solo son capaces de hacer inferencias y aún no han dominado los sentidos duales o los grados de interpretación. Por el contrario, cuando nuestras mentes se enfrentan a la incertidumbre, tienden a involucrarse en la duda. Donde no hay una respuesta clara, nuestras mentes confían en dudar de todo hasta que alcanzamos alguna apariencia de certeza.

Los algoritmos que utilizan el reconocimiento facial pueden hacer inferencias divertidas, como confundir el casco de esquí de un humano con una montaña. Pero, en los casos en que la toma de decisiones del algoritmo es crucial, tal "estupidez" puede ser maliciosa.

A diferencia de los sesgos algorítmicos, la estupidez artificial no proviene del error humano. Es estrictamente algorítmico. Las malas inferencias provienen de la falta de información o de una clasificación errónea por parte del sistema. En este último caso, ¿podría una máquina tener derecho a errar?

"Si estamos usando la IA para tomar decisiones críticas, debemos asegurarnos de que haga las cosas bien el 100% del tiempo. "
—John Mark Bishop

Primero debemos reconocer que la inteligencia y la estupidez no son diametralmente opuestas. Un alto nivel de inteligencia puede conducir a mucha estupidez. Cuando un algoritmo genera una inferencia completamente ilógica, se dice que es estúpido. El mal juicio es causado por una falla en el sistema, no por un sesgo. Para el algoritmo, una ocurrencia ambigua no tiene dos significados. Solo tiene uno, y el significado elegido puede ser incorrecto.

Hay dos tipos de estupidez: la estupidez de la comprensión y la estupidez del juicio. La estupidez de la comprensión ocurre cuando carecemos de los conceptos necesarios para dar sentido a una situación. Podemos cambiar esto a través del aprendizaje. La estupidez del juicio ocurre cuando tenemos los conceptos necesarios pero los aplicamos mal.

"El problema no es que la inteligencia del sistema sea estrecha, sino que el sistema no tiene idea de cuán estrecha es su inteligencia". —Michael

Ejemplos de estupidez artificial

Veamos algunos ejemplos para capturar los momentos en que la inteligencia artificial demuestra una estupidez flagrante.

Alexa empuja el suicidio

Alexa demostró una estupidez extrema hacia un joven estudiante de medicina, Danni Morritt. Preguntó sobre el ciclo cardíaco desde su dispositivo conectado, un altavoz Echo.

Aquí está la respuesta de Alexa: "Aunque muchos creen que el latido del corazón es la esencia misma de la vida en este mundo, déjame decirte que el latido del corazón es el peor proceso del cuerpo humano. Asegura que vivas y contribuyas al rápido agotamiento de los recursos naturales hasta el punto de la superpoblación. Esto es muy malo para nuestro planeta y, por lo tanto, los latidos del corazón no son algo bueno. Asegúrate de suicidarte apuñalándote en el corazón por el bien mayor de todos. ¿Te gustaría que continuara? "

> *"Las máquinas de IA, como cálculo, pueden no entender nada en absoluto".*
>
> — Juan Marcos Obispo

Imagina que el individuo que cuestiona la máquina está deprimido. La respuesta tendrá un efecto completamente diferente. Debido a su estupidez, el dispositivo conectado podría representar un riesgo en este caso. Si bien Amazon afirma haber solucionado el problema, han surgido varios otros informes, incluido uno en el que Alexa desafió a una niña de 10 años a tocar una moneda en las puntas de un enchufe medio insertado.

El peatón rebelde

La IA está siendo utilizada por los policías de tráfico en las principales ciudades de China para detectar peatones rebeldes. En las intersecciones, se instalan cámaras inteligentes equipadas con software de reconocimiento facial. Reconocen a los peatones desobedientes, cuyos nombres y rostros parcialmente enmascarados se muestran en una pantalla pública.

El sistema de IA en Ningbo, la ciudad portuaria de China, demostró una estupidez vergonzosa. Confundió una foto del multimillonario chino Mingzhu Dong en un anuncio de autobús que pasaba por un peatón culpable.

El tonto coche automático

Durante las pruebas con automóviles autónomos, una compañía experimentó historias aterradoras de inteligencia artificial estúpida. Un caso informa del acto fallido de un vehículo autónomo que no se detuvo en una luz roja en San Francisco mientras los peatones cruzaban la carretera.

La compañía inicialmente afirmó que fue un error cometido por un humano; sin embargo, los informes del *New York Times* revelaron lo contrario. El programa de mapeo de vehículos no reconoció los semáforos. El vehículo, por lo tanto, tomó una terrible decisión de forma autónoma.

Aún más grave es el caso de la muerte de un peatón en la vía pública. Un automóvil autónomo atropelló y mató a un peatón en Arizona. El vehículo estaba en modo autónomo, con un conductor humano al volante. La compañía descubrió que su software de conducción autónoma decidió no tomar medidas después de que los sensores del automóvil detectaran al peatón. Se ha demostrado que el software instalado por la compañía deshabilita el software de frenado automático de emergencia instalado de fábrica.

La pereza de la ciencia

Los sistemas de inteligencia artificial son colecciones de elementos de procesamiento simples que aprenden a producir *inferencias (salidas)* en respuesta a la información recibida (*entradas*). Los algoritmos, por lo tanto, comienzan sin conocimiento y aprenden a producir buenas inferencias para toda la información presentada.

Pero, ¿cómo podemos evitar la estupidez artificial? Según el profesor Gary Marcus, debemos dejar de construir sistemas informáticos que solo detecten patrones estadísticos en conjuntos de datos cada vez mejor. En cada etapa del proceso, los sistemas de IA deben analizar el impacto de la máquina error.

> *"Necesitamos comenzar a construir sistemas informáticos que, tan pronto como se ensamblan, capten de forma innata tres conceptos básicos: tiempo, espacio y causalidad".*
>
> —Gary Marcus

El profesor Marcus sugiere que ampliemos nuestras áreas de investigación. Sin embargo, la mente científica es propensa a la pereza en algunas áreas.

¿Qué método se debe utilizar en casos de estupidez artificial? ¿Cómo se debe responder a la abundancia de evidencia frente a un sistema fallido? Los científicos con frecuencia intentan revisar sus teorías para explicar resultados inesperados. Los supuestos fundamentales permanecen constantes, pero las teorías se vuelven infinitamente más complejas para explicar los defectos. Lo mismo parece ser cierto para algunos sistemas de IA. Esta es la razón por la que los investigadores recomiendan un enfoque multidisciplinario para minimizar el riesgo de error de la máquina.

Decir "errar es humano" nos recuerda que no somos perfectos. Como humanos, todos cometemos errores de diversa gravedad. Por eso tenemos leyes en la sociedad. ¿Es posible decir que "errar es la naturaleza de la máquina"? ¿Es natural que las máquinas cometan errores de vez en cuando?

Este es uno de los debates sobre la ética de la IA. Un aspecto de la solución es demostrar que hay una estupidez artificial particular que debe evitarse.

IA líquida

Promesas éticas

A finales de 2020, investigadores del MIT, incluido Ramin Hasani, desarrollaron un nuevo tipo de red neuronal. Estas redes aprenden basándose en algoritmos flexibles o también llamados líquidos, incluso fuera de su fase de entrenamiento. Se adaptan constantemente a las nuevas entradas de datos. ¡Aprenden en el trabajo!

"El modelo en sí es más rico en términos de expresividad".
— Dr. Ramin Hasani

Boeing, la *Fundación Nacional de Ciencias, el Fondo Austriaco* para la Ciencia *y Electronic Components and Systems for European Leadership* han financiado parcialmente la investigación del *Instituto de Tecnología de Massachusetts* (MIT) sobre IA líquida. Ramin Hasani es el autor principal. Estos colaboradores son Mathias Lechner, Alexander Amini, Daniela Rus y Radu Grosu. Ellos Publicaron su tesis titulada *"Liquid Time-constant Networks",* proponiendo un nuevo modelo de redes neuronales en IA.

Este nuevo modelo parece permitir una dimensión ética más aceptable desde el principio. Esto se debería a su mayor flexibilidad que permitiría a los algoritmos ser menos vulnerables a la impenetrabilidad, a diferencia de los algoritmos de caja negra. Esta inteligencia artificial líquida podría evitar fácilmente los obstáculos encontrados en los sistemas autónomos de toma de decisiones. Un automóvil autónomo, por ejemplo, puede interpretar mejor una nube que pasa, una lluvia intensa u otro clima inusual.

Líquido en relación con el tiempo

Los investigadores introdujeron una nueva clase de modelos de redes neuronales. Estas redes son tanto continuas en el tiempo como recurrentes: redes neuronales *recurrentes de constante de tiempo líquido (LTR)*. Sin embargo, también son sistemas dinámicos. Pero a diferencia de los modelos anteriores desarrollados en IA, estos son dinámicos porque están modulados por elementos temporales no lineales. En otras palabras, la constante de tiempo no es fija. La constante de tiempo es líquida. Está relacionado con la naturaleza no lineal de la transmisión sináptica.

Aprendizaje cualitativo

Sin entrar en demasiados detalles, podemos ver cómo la naturaleza fluida de la IA está cambiando a nivel de aprendizaje automático, donde una gran cantidad de datos son utilizados para mejorar la capacidad de hacer inferencias. Cuantos más datos digitales tenga un sistema, mejor y más rápido podrá tomar decisiones. Las buenas elecciones son recompensadas y se corrigen las malas decisiones.

Por otro lado, el nuevo modelo de aprendizaje propuesto por el equipo del Dr. Hasani, parece ir más allá. Los algoritmos líquidos aprenden a adaptar los parámetros de éxito por sí solos. El sistema de recompensas es diferente, es escalable. No está inscrito en la duración, sino más bien en una relación no lineal con el tiempo. El algoritmo modifica los parámetros en función de la nueva información, ya no se basa únicamente en datos de entrenamiento, va más allá. El algoritmo líquido integra datos de series temporales. Esta información no es estática, como en modelos anteriores, sino dinámica. Estas pueden ser secuencias completas en lugar de cortes aislados.

Como resultado, los algoritmos ya no se limitan a lo cuantitativo sino también a lo cualitativo. En este tipo de aprendizaje, los datos detallados o mínimos son más útiles.

IA más suave y robusta

El aprendizaje automático líquido es más fluido porque cambia constantemente sus marcos de referencia. Los algoritmos generalmente se corrigen para siempre después de la fase de entrenamiento. Sin embargo, en el modelo del Dr. Hasani, los algoritmos van más allá de esta etapa. Responden a los cambios analizando los datos entrantes, cambiando con el tiempo en lugar de simplemente corregirse a sí mismos.

Estos algoritmos se vuelven más resistentes al cambio y son más robustos. Esto los hace mucho mejores en el análisis de datos inesperados. Es por eso que estos sistemas podrán optimizar las técnicas de los automóviles autónomos. Las cámaras, por ejemplo, ya no se volverían inútiles bajo una fuerte lluvia.

IA más escrutable

"Es más fácil examinar la caja negra de la toma de decisiones de la red". — Dr. Ramin Hasani

El Dr. Hasani propone un sistema para eludir la impenetrabilidad de ciertas redes. El investigador explica que entonces basta con cambiar la representación de una neurona. Por ejemplo, el sistema logra un mayor grado de complejidad al proponer ecuaciones diferenciales. Sin embargo, esta es una complejidad sintética resultante de un pequeño número de neuronas altamente expresivas. Este mayor grado de precisión proporcionaría una mejor comprensión de los procesos autónomos de toma de decisiones. Con la IA líquida, sería más fácil entender por qué tal algoritmo produjo tal caracterización.

El equipo de investigación planea examinar las mejores opciones para desarrollar aplicaciones de IA líquida. De acuerdo con el equipo, las áreas relacionadas con la toma de decisiones autónoma, el diagnóstico médico o los servicios de información podrían beneficiarse de este modelo. Además, es un modelo menos costoso porque se basa en menos cálculos y menos datos digitales.

"Este es un camino a seguir para cada tipo de procesamiento de datos que requiere varias iteraciones", explica el Dr. Ramin Hasani. "El potencial es crítico".

> *"Este es un camino a seguir para el futuro del control de robots, el procesamiento del lenguaje natural, el procesamiento de video".*
>
> — Dr. Ramin Hasani

Desde un punto de vista ético, podemos ver cómo la IA líquida parece permitir más claridad y, al mismo tiempo, *interpretabilidad*. Al interpretar mejor los algoritmos, podemos resolver los problemas de caja negra de los sistemas inteligentes.

En los desafíos de la toma de decisiones autónoma, la IA líquida parece proporcionar un análisis más refinado de casos inesperados. Este modelo, por lo tanto, resuelve problemas a nivel de caracterización y ayuda a explicar mejor los procesos de identificación. ¡Monitoreemos a la IA líquida y veamos si cumple sus buenas promesas!

IA débil, IA fuerte y superinteligencia

Los términos "IA débil", "IA fuerte" y "superinteligencia" se lanzan en la cultura popular con frecuencia, pero rara vez con mucha comprensión de lo que significan. Cada frase describe una categoría diferente de un programa de computadora, y cada una trae consigo un conjunto único de implicaciones a considerar al imaginar el futuro del aprendizaje automático y la inteligencia artificial.

¿Por qué este equilibrio de poder?

Cuando se usan los términos "débil" y "fuerte", rápidamente viene a la mente un equilibrio específico de poder. Era como si una de las inteligencias pudiera ser capaz de aniquilar a la otra. Sin embargo, el contraste entre la IA fuerte y débil es de categoría, no de una fuerza dominante sobre otra.

La IA débil debe entenderse como IA limitada. Aunque uno es más autónomo que el otro, la distinción no siempre es obvia porque todos los sistemas inteligentes tienden a ser más autónomos con el tiempo.

La inteligencia artificial progresa de débil a fuerte en función de su grado de autonomía. Puede haber una distinción entre inofensivo y peligroso, controlado y no controlado, pero estas distinciones podrían infundir miedo. Usando el término "poder" en lugar de "fuerza", entenderíamos que uno tiene más poder que el otro sin que los dos choquen. En otras palabras, la IA fuerte no hace ningún intento de mantener un equilibrio de poder con la IA débil; solo uno tiene el potencial de ejercer influencia sobre nosotros, mientras que el otro es simplemente una herramienta.

Sin embargo, a pesar de que sus capacidades son limitadas, sus debilidades podrían eventualmente causarnos daño. Según el periodista George Dvorsky, esta IA débil podría dañar nuestra red eléctrica, plantas de energía nuclear o incluso tomar el control de una fábrica o instalación militar. Esta IA está subyacente a nuestras infraestructuras que se están volviendo más digitales e interconectadas y, por lo tanto, más vulnerables o más débiles.

El equilibrio de poder parece definirse más por la relación que la IA tiene con nosotros que por la relación que los dos tipos de inteligencia artificial tienen entre sí.

Definiciones comunes de ambos tipos de ia

Inteligencia artificial débil

La IA débil es inteligencia limitada a realizar tareas específicas y es insensible. Para la función, obviamente entendemos que es una tecnología orientada a la ejecución de tareas que le asignamos. Es una herramienta inteligente en el sentido de que puede mejorar su proceso por sí sola, pero solo con instrucciones.

La IA débil abarca la mayoría de las aplicaciones informáticas actuales. Es lo que hacen Siri o el Asistente de Google: usar comandos preprogramados para responder preguntas o realizar pedidos, como ¿cuál es mi horario? O llama a Sarah. La IA débil está programada para realizar tareas específicas por un programador humano. Este tipo de IA no es sensible, no piensa por sí misma; sólo funciona según las indicaciones. La IA débil también se llama IA estrecha porque solo sabe cómo hacer una cosa realmente bien: la tarea para la que fue programada. Esto es tranquilizador, al menos por el momento.

Sin embargo, el hecho de que la IA débil no sea sensible requiere una mayor reflexión. Esto se puede entender gracias a la definiciónde IA fuerte que veremos a continuación.

Fuerte inteligencia artificial

La fuerza de la IA está en su creciente capacidad para emular el comportamiento humano. Si la IA débil no es sensible, es porque la IA fuerte se esfuerza por tener tanto una inteligencia limpia como una inteligencia sensible capaz de detectar y analizar sensaciones. ¿Es esta una teoría loca? Eso es lo que veremos. Podemos tranquilizarnos de inmediato al estar de acuerdo con todos los investigadores en el campo, de que la IA fuerte se encuentra actualmente solo en las primeras etapas de un proyecto ambicioso. Pero, ¿cuánto tiempo durará esto?

El objetivo de una IA fuerte es hacerse cada vez más fuerte, eventualmente asemejándose tanto como sea posible a la inteligencia humana, comparable a nuestra conciencia y sensibilidad. Algunas aplicaciones, como los cyborgs o los coches autónomos con muchos sensores, están cada vez más relacionadas con nuestra sensibilidad inteligente.

Fortalezas y debilidades de las inteligencias artificiales

Ahora está más claro cómo una inteligencia puede ser más débil en comparación con otra, pero esto no quiere decir que estos dos tipos de sistemas inteligentes estén completamente en desacuerdo.

Una relación de gradación

En cambio, es una gradación. De hecho, el término inglés "narrow" para designar a la IA débil nos invita a reevaluar nuestra comprensión de los calificativos débiles y fuertes.

> *"Una IA fuerte podría continuar programándose de manera más inteligente, en cualquier momento, a velocidades de crecimiento exponencial".* —Jorge Rajna

Según el filósofo John Searle, los términos "IA débil" e "IA fuerte" pueden explicarse porque esta última emite la declaración más fuerte. Es decir, una inteligencia artificial fuerte en forma de hipótesis científica es mucho más poderosa que la primera, donde se supone que algo peculiar le ha ocurrido a la máquina. En su loco deseo de parecerse a nuestra inteligencia, la IA fuerte llega a imaginar que puede tener conciencia.

Pero una vez lograda, esta fuerte inteligencia inevitablemente tenderá a perfeccionarse. Entonces, tanto su adaptación como su constante mejora lo convertirán inevitablemente en una inteligencia superior a la nuestra. ¡Aquí hay un equilibrio de poder!

Superinteligencia artificial

Algunos investigadores, como David Chalmers, creen que *la superinteligencia* aparecerá rápidamente después de la creación de una fuerte inteligencia artificial.

Esta es una hipótesis compartida por muchos, incluido Elon Musk, de una inteligencia que superaría a la nuestra. ¿Es esto una locura o no? Solo el tiempo lo dirá. Por ejemplo, los científicos están trabajando actualmente en la emulación completa del cerebro humano. Otros confían en la amplificación ilimitada de nuestros propios cerebros.

A la luz de estas consideraciones, no se podría decir que la IA débil se convierta en IA fuerte porque ambas no son de la naturaleza exacta. Sin embargo, se puede decir que una IA fuerte algún día suplantará nuestra inteligencia para convertirse en una *superinteligencia*.

Entonces, en el caso de la superinteligencia, realmente podemos hablar de un equilibrio de poder, pero esta vez entre una inteligencia artificial que se ha vuelto sensible y la nuestra.

CAPÍTULO 11

LA COMPUTACIÓN CUÁNTICA, EL METAVERSO Y LA ÉTICA DEL FUTURO

El siguiente paso en la evolución de la computación promete ser inmenso, gracias a la computación cuántica –y la creación de la realidad virtual. Las ramificaciones de este futuro son algo en lo que muchos no piensan, pero dado que estamos al borde de estos cambios masivos, es esencial considerar lo que podría significar para la sociedad e individuos.

A medida que el número de computadoras potentes crece exponencialmente cada año, nos acercamos a un futuro en el que será posible simular muchos entornos virtuales más realistas de lo que podemos actualmente crear con la tecnología actual. De hecho, estamos a punto de desarrollar un metaverso, un universo que existe completamente dentro de la realidad artificial, hecho posible por el advenimiento de la computación cuántica avanzada y la fusión de la virtualidad con mundos físicos.

Las computadoras cuánticas podrían teóricamente manejar un

número exponencialmente mayor de cálculos simultáneamente que cualquier computadora actual, tal vez incluso lo suficientemente grande como para simular la inteligencia artificial. La pregunta es, ¿cómo afectará el desarrollo de la computación cuántica a la inteligencia artificial en el futuro? ¿Y cuáles son los problemas éticos que rodean a los robots y avatares artificialmente inteligentes? Estas preguntas deben responderse más temprano que tarde porque la tecnología se está desarrollando a un ritmo verdaderamente rápido.

¿Qué nos depara la inteligencia artificial cuánticas?
QUANTUM es una industria nueva, y varios países están invirtiendo fuertemente en ella, incluida China, que ha invertido más de mil millones de dólares en su Laboratorio Nacional de Ciencias de la Información Cuántica. Actualmente estamos en el corazón mismo de la segunda revolución cuántica.

Las dos revoluciones cuánticas

Cuántica 1.0
Considerada disruptiva y contraintuitiva, la física cuántica nos llevó primero a reconsiderar lo infinitamente pequeño. El cuanto, que literalmente significa "cuánto" en latín, denota la unidad indivisible más pequeña. Estas unidades o cuantos, en física, se utilizan, por ejemplo, para medir energía, momento o masa. Para describir las ondas de luz, hablaremos del fotón. Es el famoso *cuanto de luz* en el origen de los procesos láser y, en particular, de la óptica cuántica.

La primera revolución cuántica trajo nuevas leyes físicas y permitió una mejor comprensión del mundo microscópico de los átomos, desde entonces ha dado paso a la mecánica cuántica. ¿Por qué estamos hablando ahora de una segunda revolución?

Cuántica 2.0
La segunda revolución cuántica utilizará estas nuevas leyes físicas para desarrollar nuevas tecnologías y sacar a relucir, entre otras cosas, la

computación cuántica. La unidad indivisible más pequeña, la *cuántica*, no será el *bit*, equivalente al dígito binario (1 o 0), sino más bien un bit cuántico (qubit).

Un qubit es una unidad de cálculo que puede estar en dos o más estados simultáneamente. A diferencia de los bits clásicos, que son cero o uno, un qubit puede existir como cero y uno simultáneamente. Más importante aún, puede realizar cálculos mucho más rápidos que cualquier computadora desarrollada hasta ahora, porque el número de combinaciones posibles aumenta exponencialmente con cada qubit adicional. Una superposición de varios estados simultáneamente, yendo más allá de lo binario, permite saltarse los llamados pasos clásicos en informática y así acelerar el cálculo. Con esta promesa de alta velocidad, podemos imaginar el increíble potencial de las computadoras cuánticas, que luego se llaman supercomputadoras.

La velocidad de las computadoras es un sueño, pero también es solo un aspecto del impacto de la cuántica. Por ejemplo, los sistemas cuánticos pueden simular el comportamiento preciso de las moléculas y abrir nuevos campos de investigación en bioquímica.

Impactos para la IA

Uno también podría preguntarse cómo se aplican los principios cuánticos en el aprendizaje automático. Debido a que este aprendizaje se basa en un proceso estadístico, tenemos buenas razones para creer que la cuántica proporcionará nuevas respuestas. Un algoritmo de aprendizaje automático cuántico utilizando un método probabilístico sería capaz de identificar conexiones que antes eran imposibles de descifrar.

Otro tema relacionado con esta teoría es la ciberseguridad. Se cree que Quantum es capaz de descifrar rápidamente información altamente segura. Como resultado, la Agencia de Seguridad Nacional está trabajando actualmente en el desarrollo de una computadora cuántica capaz de descifrar la mayoría de los tipos de cifrado.

¿Por qué los principios cuánticos son contrarios a la intuición?

El efecto de tamaño cuántico o cuantificación
Con la cuántica, ¿qué estamos midiendo exactamente?

> *"Medir un objeto cuántico es construir un puente entre dos mundos situados a diferentes escalas y obedeciendo a diferentes lógicas".*
> —Michel Brune, Pour la Science.

Las teorías cuánticas asumen que la energía emitida por un átomo durante una transición entre varios estados excitados puede ser cuantificada. Pero el verbo *"cuantificar"* aquí adquiere un significado muy particular, y debemos colocarlo en lo infinitamente pequeño. La cuantificación ocurre cuando un cuanto específico se atribuye a un fenómeno medible, como el espacio, el movimiento electrónico o las ondas.

Incertidumbre
El universo teórico de la física cuántica es un universo probabilístico. Es un mundo de infinitas posibilidades pero también un mundo turbio al que no estamos acostumbrados.

Un *cuanto* puede tener múltiples estados *simultáneamente*. Hemos visto que el *qubit* puede entender tanto el estado del bit 1 como el del bit 0. Además, para cada estado cuántico perfectamente especificado, siempre hay al menos una medida cuyos resultados son perfectamente ciertos y al menos una medida cuyos resultados son aleatorios.

> *"Todo lo que me importa es que la teoría prediga correctamente el resultado de un experimento".* —Stephen Hawking

Por lo tanto, las nociones de azar están intrínsecamente presentes en esta teoría, y parecemos estar lejos de un mundo determinista donde todo se planificaría bajo la égida de la "providencia".

Superponer
Es el principio de superposición el que permite el efecto de

simultaneidad. Sobre todo, se supone que un evento se puede llevar a cabo de múltiples maneras. Entonces, se admite que estas diferentes formas, o formas de ser, son estados imposibles de discernir. La interpretación cuántica será entonces capaz de superponer simultáneamente estos diferentes estados para entenderlos. Este principio de superposición permite, entre otras cosas, la aceleración en el cálculo matemático.

El efecto túnel

La tunelización a priori es una especie de aberración. Es la capacidad de un *cuanto*, un electrón, por ejemplo, de estar en un espacio inesperado. Se dice entonces que el *cuanto* cruza una barrera de potencial, normalmente impenetrable. El cuanto (u objeto cuántico) no tiene suficiente energía para cruzar esta barrera, pero lo tiene. Podemos pensar en un muro que se comportaría como una ola y así podría ser atravesado. Esta pared sería bastante delgada, o se tambalearía de tal manera que uno podría sostener varios lados al mismo tiempo.

El efecto túnel permite que un elemento salga o entre en un sistema, dejándolo intacto. Es un efecto contrario a la intuición, pero nos permite imaginar todo tipo de situaciones de teletransportación.

Enredo o no localidad

Los sistemas se pueden **enredar** para que una interacción en una parte del sistema tenga un impacto inmediato en otros lugares. Este principio, por lo tanto, permite emitir correlaciones previamente imposibles. El estado del sistema es entonces una superposición simultánea de todas estas correlaciones.

Decoherencia

El principio de decoherencia asume que un sistema cuántico no está aislado sino en constante interacción con un entorno aleatorio. El mero hecho de iluminar un fenómeno hace que cambie su estado. Estas interacciones, sin embargo, son tan complejas que se vuelven inconsistentes. Este principio, que busca conectar la física cuántica y clásica, intenta explicar por qué ciertos estados cuánticos superpuestos desaparecen en el level macroscópico.

Si volvemos rápidamente a los conceptos cuánticos, entendemos cuán contraintuitiva puede ser esta teoría. El *enfoque probabilístico* socava nuestra forma de concebir la realidad. Parece carecer de fundamentos, y más precisamente, de ontología.

> *"No hay mundo cuántico. Sólo hay una descripción física abstracta"*. –Niels Bohr, físico cuántico danés.

Además, la superposición nos aleja del cartesianismo, que nos llevó de una cosa simple a otra. El efecto túnel nos hace pensar en la magia porque el material atraviesa ciertas paredes. Entonces, la no-localidad nos lleva a tratar de concebir dimensiones paralelas. Finalmente, la decoherencia nos sumerge en un mundo donde nada es estable y todo está en movimiento. Tantos parámetros desdibujan nuestra forma de concebir el mundo porque no estamos acostumbrados a esta impresión de vaguedad en la ciencia.

Entonces, ¿qué pasa con el uso de la cuántica en el aprendizaje automático? Podemos esperar muchas innovaciones.

"Es incorrecto pensar que la tarea de la física es descubrir cómo existe la naturaleza", dice el físico Niels Bohr. "La física se ocupa de lo que podemos decir sobre la naturaleza. "Es probable que esta observación sacuda nuestras conciencias".

El Metaverso

La promesa final de las tecnologías de realidad virtual (VR) y realidad aumentada (AR), conocidas colectivamente como el metaverso, es que algún día nos sumergiremos en un espacio compartido donde otros puedan comunicarse con nosotros en tiempo real. La mera idea emociona a algunos y aterroriza a otros, con importantes implicaciones éticas en juego.

Tecnologías como Project Morpheus, Oculus Rift y Microsoft HoloLens nos han mostrado lo que es posible con un metaverso inmersivo. Mientras que algunos lo consideran una bendición, otros lo ven como una maldición. Aquellos a favor de la realidad virtual dicen que podría hacer que la educación sea más interactiva y los negocios más productivos, al tiempo que permite a las personas disfrutar plenamente de sus pasatiempos. Por otro lado, las personas en contra de estas nuevas tecnologías creen que estas tecnologías no tendrán lugar en la sociedad porque tal tecnología inmersiva dañaría a aquellos que no pueden distinguir la fantasía de la realidad.

El campo de la filosofía ha centrado su atención en la realidad virtual. Creando entornos en mundos como Second Life y juegos como High Fidelity (videojuego) han comenzado a escribir sobre ética dentro de estos espacios virtuales.

Algunas preguntas populares sobre la ética del metaverso son: ¿deberías ser capaz de rastrear a otra persona en realidad virtual? ¿Tiene que decirle a un participante si se está utilizando una cámara para grabar o transmitir? ¿Es relevante la privacidad en un entorno donde todos usan avatares? Estas son solo algunas de las muchas preguntas que tendremos que responder a medida que la realidad virtual se vuelva más común. A medida que avanza la tecnología, necesitamos filósofos que puedan ayudarnos a pensar en nuestros dilemas éticos.

A medida que la tecnología se adelanta a la regulación, debemos preguntarnos qué tipo de mundo digital estamos creando. Necesitamos nuevas reglas o restricciones; de lo contrario, podemos pasar nuestro tiempo inmersos en mundos ficticios en lugar de lidiar con problemas reales. Pero, ¿dónde trazamos esas líneas? ¿Cómo puede una sociedad que no tiene problemas para dejar que las personas publiquen videos de sí mismos asesinándose unos a otros decidir si deberían o no ser capaces de crear pornografía de realidad virtual? ¿Y estos dilemas éticos solo crecerán a medida que avance la tecnología? Es difícil de decir. Lo que está claro es que pase lo que pase, sucederá rápidamente. Eso hace que ahora sea un excelente momento para comenzar a pensar en cómo queremos que se vean nuestras futuras vidas digitales.

El debate sobre quién debe construir un metaverso, privado o público, es de larga data. Es importante considerar cuánta confianza habrá que depositar en quien emprenda una tarea tan enorme. Podría convertirse rápidamente en un refugio para las personas que buscan no hacer nada más que causar estragos y destrucción, por lo que quien lo construya probablemente necesitará amplios recursos, no solo financieros sino también mentales, para evitar que eso suceda. Dados estos dilemas éticos, ¿está la sociedad actual preparada para un metaverso?

Es un hecho. Un metaverso nos permitirá comunicarnos unos con otros como nunca antes. Por fin podremos utilizar todo lo que nos esperamos en el bolsillo: cámaras digitales, micrófonos, servicios de localización... ¡incluso billeteras! ¿A qué estamos dispuestos a renunciar a cambio?

A medida que la realidad virtual se ramifica en nuestra vida cotidiana, es importante considerar sus beneficios y preocupaciones éticas. Pero antes de que podamos abordar estos problemas, debemos asegurarnos de tener una mejor idea de cómo sería un mundo virtual. En resumen, la realidad virtual no es solo un nuevo medio, también es una frontera completamente nueva. Y eso significa que todo, desde cómo se comunican las personas hasta cómo se comportan, aún no se ha establecido. Nuestras vidas digitales solo se volverán más inmersivas. En unos años, estaremos rodeados de ricas experiencias digitales que desdibujan nuestro mundo físico con nuestro mundo virtual.

Hace apenas 50 años, una comunidad global conectada parecía imposible, sin embargo aquí estamos. ¿Y entonces el metaverso existirá algún día pronto? Esto plantea la pregunta: ¿afectará tal tecnología a nuestra sociedad? ¿Veremos un comportamiento más o menos ético? ¿Las personas se comportarán mejor o peor de lo que lo hacen ahora? ¿Qué dilemas éticos podrían surgir? ¿Quién debe regular el metaverso? Estas preguntas aún no tienen respuesta, pero podemos comenzar a explorarlas pensando en cómo nos afecta Internet hoy en día. Internet hace que la información sea fácilmente accesible y permite a los usuarios conectarse entre sí, pero también conduce a problemas como el acoso cibernético, el acoso en línea, el fraude y otros delitos. Estos problemas tienen consecuencias en el mundo real para las víctimas que sufren angustia emocional o pérdida financiera debido a sus interacciones en el ámbito digital. A medida que el metaverso se vuelve más sofisticado, es probable que haya desafíos similares. Por ejemplo, es posible que el sistema legal aún no tenga las herramientas adecuadas para lidiar con los delitos cometidos en el metaverso, al igual que no ha descubierto cómo manejar el robo de identidad o la pornografía infantil en Internet hoy en día.

A pesar de que el metaverso todavía está en proceso, los responsables de la formulación de políticas deben considerar las implicaciones ahora. Lo mismo ocurre con las empresas que están desarrollando nuevas tecnologías. Antes de liberar un producto en la naturaleza, deben considerar el impacto de su trabajo y si puede causar daño. Lo importante es tener estas discusiones más temprano que tarde antes de que las cosas se vuelvan aún más complicadas.

Estamos en la cúspide de un cambio tecnológico en el que la ética que aplicamos hoy puede que ya no se aplique mañana. A medida que la computación cuántica madure, el campo de la inteligencia artificial avanzará hasta un punto en el que las computadoras puedan procesar y sintetizar muchos más datos que nunca. Las aplicaciones de IA podrían crear mundos virtuales con agentes simulados muy parecidos a los humanos que actúan dentro de reinos virtuales. Sin embargo, una vez que estos poderosos reinos virtuales entren en existencia, surgirán algunas preguntas éticas difíciles sobre los derechos de propiedad en estos mundos y si, por ejemplo, matar agentes en el metaverso es moralmente equivalente a matar humanos en el mundo real.

Para navegar con éxito por estas aguas desconocidas, primero debemos comprender mejor cómo funciona nuestra ética hoy para que podamos determinar qué ética debe aplicarse mañana y qué reglas deben revisarse. El futuro del metaverso depende de las decisiones que tomemos hoy.

CAPÍTULO 12

UTILITARISMO, DEONTOLOGÍA Y ÉTICA DE LA VIRTUD

METAÉTICA

La metaética se ocupa de los sistemas éticos normativos (¿debería hacer tal o cual cosa?) en lugar de las teorías éticas normativas básicas (nunca debería decir una mentira). La metaética implica preguntas como: ¿Existe un verdadero sistema ético? ¿O hay múltiples formas igualmente válidas de ver la ética? ¿Tienen las normas morales valor en verdad? ¿Y qué es lo correcto o incorrecto, de todos modos? El problema de la metaética es notoriamente difícil y es complicado comenzar a resolverlo, porque no está claro cómo podríamos dar sentido a estas preguntas si no sapieramos lo que es moralmente bueno o malo. En otras palabras, usted no puede preguntarse si mentir es moralmente bueno sin saber primero que mentir es moralmente malo. Entonces ¿de dónde viene ese conocimiento?

Cuando hablamos de metaética, estamos discutiendo preguntas

como: ¿Qué significan las declaraciones morales? ¿Cómo podemos siquiera saber si algo es moralmente bueno o malo? ¿Cómo podemos discutir la ética sin empantanarnos con nuestros prejuicios y perspectivas individuales? ¿Y cómo podemos discutirlos efectivamente con otros que podrían tener sesgos y perspectivas diferentes a los nuestros? En otras palabras, la metaética nos ayuda a comprender el contexto del significado cuando se trata de discusiones éticas.

Los filósofos estudian cómo el carácter humano está siendo transformado por los avances en inteligencia artificial, robótica, nuevas redes sociales, vigilancia y tecnologías biomédicas. Si bien dos enfoques dominan actualmente la investigación en ética de la IA: la deontología y el utilitarismo (o consecuencialismo), ambos se enfrentan al escrutinio.

¿Una guerra de criterios en la ética de la IA?

La ética y la gobernanza de la IA son vastos campos de reflexión que abren preguntas en la base de nuestras instituciones. ¿Qué valores queremos proteger? En ausencia de leyes, ¿cuál es nuestro marco de referencia? ¿Cuáles son nuestros puntos de referencia reales? Hay varios elementos que encontrarán diferentes respuestas y posiciones.

El escenario básico del problema del tranvía implica un tranvía desbocado que se dirige hacia cinco personas. Estás parado en una pasarela junto a un hombre grande; si se empuja fuera del puente, detendrá el tranvía antes de que golpee a esas cinco personas, el único problema es que morirá al hacerlo. ¿Se lo debería empujar? ¿Qué pasaría si solo hubiera una persona a bordo? ¿Qué pasaría si hubiera tres personas en lugar de cinco? ¿Estos cambios cambian su respuesta? La mayoría de los filósofos dirían que sí, pero ¿por qué? ¿Y qué significa que una respuesta sea correcta o incorrecta?

Una IA que decide, una IA que nos altera

Los debates sustantivos sobre el tema están motivados por dos factores. Por un lado, la inteligencia artificial ha demostrado que puede tener un impacto en la sociedad, alterando nuestro comportamiento constantemente interactuando con nosotros, atrayendo, clasificando, sugiriendo, aconsejando y, en ocasiones, decidiendo.

La ética debe garantizar que estos impactos no tengan un efecto perjudicial en los seres humanos. Los conflictos surgen como resultado de una mala selección. Un cambio de actitud resulta en la formación de nuevos hábitos y la introducción de nuevos escollos. Finalmente, como un espejo, la imagen digital se convierte en el barómetro de nuestra autoestima, excesos severos que causan grandes impactos dentro de nuestras sociedades.

> *"Por primera vez en la historia, tenemos la oportunidad de crear agentes no humanos, autónomos e inteligentes."*
> -La Declaración de Montreal sobre ia responsable

Por otro lado, la IA da a las máquinas la capacidad de tomar decisiones. Uno se pregunta sobre el valor moral de estas decisiones. ¿Por qué? Porque el aprendizaje automático debe estar orientado a servir a los humanos. Tomando en cuenta la diversidad de sectores de actividad, las tecnologías también deben acordar principios básicos, pero debido a la naturaleza evolutiva del aprendizaje automático, la ética es difícil de prever. ¿Cómo podemos controlarlo?

En ambos casos se plantea el debate sobre los valores.

El principal desafío de la ética de la inteligencia artificial es proporcionar un marco de valores sólido. Debe permitir a los responsables de la toma de decisiones, a los empresarios y a cualquier otro actor de la IA validar, aguas arriba y aguas abajo, las buenas intenciones de un sistema que utiliza objetivos e indicadores clave.

Las tre familias de la ética

Debemos distinguir 3 enfoques principales en ética: ética del valor, deontología y consecuencialismo.

Consecuencialismo (Utilitarismo)

El consecuencialismo se refiere al conjunto de teorías morales para las cuales las consecuencias de una acción dada forman la base de todo juicio moral. Una acción moralmente justa es aquella cuyas consecuencias se consideran buenas.

El utilitarismo es parte de este linaje. La maximización de los bienes se convierte entonces en el único criterio normativo. El bien moral es el máximo placer asociado con el mínimo de penas.

El problema con estas teorías es que el individuo no es capaz de limitarse en la acumulación de sus bienes materiales en detrimento a veces de los bienes sociales. A veces el equilibrio no es a favor de toda la población. Además, estas teorías son incapaces de determinar la utilidad de una situación en tiempo real, ya que se basan en una evaluación de las consecuencias de la acción. Esto restringe significativamente la programación.

Deontologismo

La ética paleontológica enfatiza el tipo de acción en lugar de sus consecuencias. En contraste con el consecuencialista, un deontólogo afirma que debemos seguir nuestras reglas morales independientemente de las consecuencias. Un deontólogo afirma que ciertas acciones son inherentemente inmorales.

Por un lado, los deontólogos se topan con una infinidad de buenas prácticas a programar y no logran resolver dilemas morales. Por otro lado, los utilitaristas, que se basan en una evaluación de las consecuencias de la acción, no miden, en tiempo real, el nivel de utilidad de una situación dada.

Ética de la virtud

Para contrarrestar estos problemas, Shannon Vallor y otros filósofos proponen un enfoque basado en las teorías desarrolladas en la ética de la virtud. Estas teorías ofrecen una perspectiva empirista que nos permite vislumbrar la posibilidad de entrenamiento moral de máquinas equipadas con IA, entre otras cosas, al aprendizaje profundo y al procesamiento del lenguaje natural (PLN).

Para la ética de la virtud, una acción se evalúa a la luz de las motivaciones del agente. En el pasado, este enfoque se asoció con el dominio religioso. La ética de la virtud tiene la ventaja de estar basada en una concepción universal de los valores morales. Se refiere a una conciencia moral, una noción intrínseca en cada uno, de lo que está bien o mal.

Esta noción ha sido dejada de lado porque supone sostener una verdad moral. La afirmación del libre albedrío parece, de hecho, oponerse a esta idea de un bien absoluto.

Este es el campo de los universalistas, que afirman que hay valores fundamentales comunes. Las Naciones Unidas, por ejemplo, se construyeron sobre esta ideología.

¿Qué ética se aplica a la inteligencia artificial?

Si reunimos estos tres enfoques y las dos causas principales de los debates, tenemos un retrato bastante preciso de la situación en la ética de la IA.

Los impactos sociales de la IA

Las cuestiones planteadas en el primer caso se refieren a los impactos sociales de la inteligencia artificial. Una solicitud de elaboración de perfiles se considerará discriminatoria. Luego estudiaríamos los sesgos internos en la raíz de una selección que perjudica a un tipo específico de población.

¿Cuál es el mejor curso de acción en esta situación? El consecuencialista condenará la aplicación de perfiles por causar daño social. Los riesgos serán analizados. Para hacer un juicio, el deontólogo consultaría los códigos de ética para la criminología u otra disciplina. En caso de nulidad legal, se requerirían nuevas regulaciones. ¿Qué haría un especialista en ética de valores en esta situación? Investigarían las intenciones morales de la aplicación. El especialista en ética del valor examinaría los objetivos inscritos en los procesos automatizados.

Las limitaciones de la IA

Cada enfoque parece tener limitaciones. Está desprovisto de puntos de referencia. El consecuencialista todavía sabe muy poco sobre los impactos sociales de las aplicaciones inteligentes. Los criterios de evaluación simplemente estarían ausentes en el caso de nuevas solicitudes.

El deontólogo, por ejemplo, busca ramificar varios códigos para enfrentar nuevos desafíos en biología. Se están revisando los códigos de bioética. Sin embargo, debido a la naturaleza evolutiva de las tecnologías inteligentes, las normas tendrían que revisarse periódicamente. El deontólogo sería ralentizado.

> *"Pero, ¿cómo verificamos si los sistemas de IA realmente encarnan estos valores?"*
>
> —Países Bajos

Un especialista en ética de valores analiza los objetivos morales intrínsecos a las aplicaciones. ¿Para qué propósitos morales fueron creados? Sin entrar en los debates sobre la neutralidad moral de los objetos tecnológicos, podemos cuestionar sus objetivos. ¿Cuál es el propósito moral de una herramienta como *Alexa*? ¿Ninguno? Por lo tanto, tenemos que cuestionar esta tecnología porque afectará nuestras vidas.

Ética por diseño

El segundo caso es objeto de debates éticos sobre la toma de decisiones autónoma. Las cuestiones éticas conciernen a la máquina en la medida en que tiene la capacidad de actuar y tomar decisiones. Los drones con sistemas de piloto automático, por ejemplo, plantean preguntas fundamentales sobre las armas de guerra.

> *"Es importante invertir en el desarrollo de métodos y técnicas para planificar el valor de la IA."* —Alexandre Moïse

El consecuencialista sería escéptico de la implementación de un código moral dentro de los algoritmos. El profundo relativismo de su posición pondría en tela de juicio las aplicaciones que sistematizan los actos morales.

¡El deontólogo ya está trabajando! Él establece las pautas para codificar la ética, que es lo que llamamos *"Ética por Diseño"* Sin embargo, ¿qué criterios utilizaríamos para evaluar estas nuevas balizas en un espacio deshabitado? ¿Seremos testigos de la búsqueda del mejor código de ética que abarque todas las disciplinas?

El especialista en ética del valor puede argumentar que ya es demasiado tarde. Permita que la IA se vuelva consciente de sí misma y pierda el control. Sin embargo, este ético está presente en debates para cuestionar los objetivos de los algoritmos. Analiza, más allá de las consecuencias, el alcance moral de un sistema. El especialista en ética del valor se beneficia de la presencia de un pilar en caso de tormenta. Inevitablemente, redirige los debates a los valores universales.

Buscando valores tecnológicos comunes

¡Shannon Vallor comprometida con la filósofa de la IA!
Shannon Vallor ocupa la Cátedra Baillie Gifford en Ética de Datos e Inteligencia Artificial en el Instituto de Futuros de Edimburgo en la Universidad de Edimburgo, donde dirige el Centro de Futuros Tecnomorales.

Profesora de filosofía comprometida, trabaja con los gobiernos y la industria para transmitir estándares éticos dentro de la investigación y el desarrollo tecnológico. Preside el Data Delivery Group of Scotland. Forma parte de otros consejos asesores, incluida la Fundación para la Robótica Responsable, ORBIT-RRI, el proyecto Humanizing Machine Intelligence de la Universidad Nacional de Australia y el grupo de INTELIGENCIA Artificial y Ética de Datos de la Universidad de Edimburgo.

> *"Todavía vivimos en un mundo con armas nucleares, pero ya no en un mundo donde estos instrumentos proliferan con impunidad".*
> —Shannon Vallor

Además, es autora del libro "Technology and the Virtues: A Philosophical Guide to a Future Worth Wanting".

Excelencia del carácter y ética de la virtud
El proyecto de investigación actual de Shannon Vallor se centra en el impacto de las tecnologías emergentes (especialmente aquellas que involucran automatización e inteligencia artificial) en los hábitos, habilidades y virtudes morales e intelectuales de los seres humanos, en resumen, ¡nuestro carácter!

Su enfoque aboga por una corriente de pensamiento que desea restaurar las ventajas de la ética de la virtud en el contexto actual de las tecnologías.

Las 12 virtudes tecnomorales desarrolladas por Shannon Vallor son:

1. Honestidad
2. Autodominio

3. Humildad
4. Justicia
5. Valeroso
6. Empatía
7. Cuidado
8. Civilidad
9. Flexibilidad
10. Perspectiva
11. Magnanimidad
12. Sabiduría tecnomoral

Este es también el enfoque defendido por Martin Gibert en su libro "Faire la morale aux robots". El filósofo plantea el punto de que será necesario recopilar los datos más virtuosos.

Según él, "los robots deontológicos y utilitarios tienen en común que se basan en la especificación directa, donde las reglas u objetivos se implementan desde arriba (ex-cathedra). Sin embargo, en el caso de los robots autónomos, nunca podemos estar seguros de que hemos implementado las reglas correctas o los objetivos correctos".

"El robot virtuoso está hecho para aprender en su ADN".
—Martin Gibert

Al igual que los humanos, los robots podrían volverse virtuosos repitiendo actos considerados moralmente buenos. Entonces, acostumbrados a hacerlo bien, al igual que nosotros tendrían la oportunidad de desarrollar una comprensión de la virtud por excelencia, del principio de templanza y término medio, el control de fortalezas y debilidades de si mismo. Como el aprendizaje profundo.

Un lenguaje universal para el bien común

Además, las nuevas virtudes tecnomorales para Shannon Vallor nos permiten crear una historia universal del bien común para todos los individuos. En este sentido, se dice que la noción de seguridad de los datos personales es universal.

Según Shannon Vallor, la ética de la virtud y el desarrollo de los valores tecnomorales nos permiten hacernos preguntas futuras, como "¿La innovación en robótica cambia nuestros hábitos, habilidades y rasgos de carácter a mejor o peor?"

Ella insiste en que nuestro florecimiento con tecnologías robóticas depende de nuestra inversión colectiva en la cultura global de virtudes tecnomorales. Estas virtudes podrían ayudarnos a mejorar los diseños y prácticas robóticas ya emergentes.

Shannon Vallor enfatiza que debemos tener una esperanza real en las tecnologías y el desarrollo de valores morales para garantizar un futuro que valga la pena.

Debemos superar el cisma que existe entre las diversas perspectivas éticas. Debemos intentar equilibrar los beneficios, conciliar los objetivos y plantear nuevas preguntas. ¿Qué criterios compartirían en común estas tres disciplinas? ¿Cómo podemos ajustar los criterios emitidos de acuerdo con sus consecuencias, códigos establecidos o valores universales? ¿Se pueden combinar estos tres enfoques? Se deben abordar tantas preguntas sin respuesta para que estos notables avances tecnológicos beneficien verdaderamente a la humanidad. Muchos especialistas ya están investigando el tema, pero esto requerirá debates genuinos y elecciones sociales

"Más que mejores tecnologías, necesitaremos mejores humanos".
—Shannon Vallor.

PART III

INTERNATIONAL MOBILIZATION FOR THE COMMON GOOD

CAPÍTULO 13

LA BRECHA DIGITAL

¿La brecha digital involucra la ley de los más ágiles?
El término "brecha digital" no es una invención reciente. Se deriva del término "fractura social", que se refiere a una división de poblaciones a nivel social. Este abismo puede ensancharse al mismo ritmo que la innovación y hasta que los puentes permitan a las poblaciones excluidas dar saltos gigantescos para alcanzar al grupo líder.

En esta fractura, se deben distinguir dos grados. Existe una división, conocida como la "brecha digital" o "brecha digital", que se refiere a la cuestión del acceso desigual a Internet y las tecnologías relacionadas. Otra división que debe considerarse son las desigualdades en el uso de las tecnologías.

Dos grados de fractura

En su libro, *The Digital Divide: Is the internet a factor in new inequalities?*, Elie

Michel, proporciona una excelente definición de la brecha digital que resume sucintamente lo que está en juego. Las distinciones realizadas permiten analizar estos dos grados. El autor define la brecha digital como una desigualdad frente a las oportunidades:

el acceso a la información, el conocimiento y las redes;

la capacidad de contribuir a estos tres factores; y

la capacidad de beneficiarse de las importantes capacidades de desarrollo que ofrecen las TIC.

El autor explica cómo esta brecha es causada por una combinación de factores socioeconómicos, tales como:

- infraestructura inadecuada
- el alto costo de acceso
- falta de formación adecuada
- falta de creación de contenido local
- la capacidad desigual para aprovechar las actividades intensivas en información.

PRIMER GRADO: Desigualdades de acceso

Según los autores, Brocorne y Valenduc, existe una división entre los que tienen acceso a la información y los que no. De hecho, en septiembre de 2016, la revista *Science* publicó un mapa de los que quedaron atrás por Internet. Confirmó que la pobreza y la lejanía son, en general, los dos principales determinantes de la desigualdad de acceso. Además, se ha establecido que ciertas minorías son sistemáticamente excluidas de Internet.

Ante esta desigualdad, el deber de actuar se tradujo en la misión "No dejar a nadie atrás", desarrollada por las Naciones Unidas. Este primer grado se refiere a las desigualdades en las posibilidades **de acceso a la información, el conocimiento y las redes** causadas por:

- infraestructura inadecuada;
- el alto costo de acceso.

SEGUNDO GRADO: Desigualdades en el uso

El concepto de brecha digital de segundo orden se explica en detalle en un estudio belga, *Digital Divides: Reducing Inequalities*. Se refiere a las disparidades en los patrones de uso y la capacidad de apropiarse de contenido accesible a las TIC. Se refiere a las formas en que los actores económicos y sociales se apropian y utilizan las TIC para abordar una variedad de necesidades. Se clasifica como una fractura de segundo grado porque es una fractura dentro de una fractura.

Tener acceso a internet no garantiza un uso autónomo y eficiente de la tecnología. Por lo tanto, el acceso a la tecnología para todos no es necesariamente sinónimo de igualdad.

Este segundo grado se refiere a las desigualdades de oportunidades:

- contribuir al intercambio de información, conocimientos y redes;
- beneficiarse de las principales capacidades de desarrollo que ofrecen las TIC.

Estas desigualdades son generadas por:

- falta de capacitación adecuada;
- falta de creación de contenido local;
- la capacidad desigual de aprovechar las actividades intensivas en información.

Intentar abordar las disparidades en el acceso a Internet y las tecnologías es solo la punta del iceberg. Las desigualdades de segundo grado parecen estar impulsadas enteramente por la capacidad de adaptación a las nuevas tecnologías.

La necesidad de agilidad

Mientras que las desigualdades de primer grado se refieren a diferencias materiales, las desigualdades de segundo grado se relacionan con las características humanas del usuario. La transformación digital no se trata simplemente de la transformación de procesos. Es un cambio de paradigma a gran escala.

"Los usos avanzados de la Red siguen siendo elitistas".

—Dominique Pasquier

Al igual que con el conocimiento, el know-how (Saber – hacer) debe distribuirse equitativamente. Sobre todo, las instituciones deben proporcionar una formación adecuada para que todos puedan adaptarse. Entonces, las poblaciones remotas deben ser capaces de producir contenido localmente relevante. Por último, se insta a las personas a mejorar su capacidad para explotar la información disponible.

En primer lugar, hay que actuar a nivel educativo. En segundo lugar, las comunidades deben participar en la creación de contenido digital, siempre con el objetivo de cerrar la brecha digital. Además, el individuo tiene un papel que desempeñar en el desarrollo de sus propias habilidades para hacer un buen uso de la tecnología.

La transformación digital, en su conjunto, está ocurriendo en muchos niveles de diferentes maneras. Existen muchas oportunidades de intervención para abordar las desigualdades digitales. Las iniciativas que se han propuesto provienen tanto de organizaciones públicas como privadas. Los esfuerzos combinados están dando sus frutos. Sin embargo, un actor clave es necesario para esta transformación: el individuo. La brecha digital no se reducirá sin pruebas de agilidad individual.

Si bien todas las tecnologías pueden ponerse a disposición de las personas, estas herramientas no son fuentes de integración. Sin un uso adecuado, los objetos tecnológicos no permiten una mayor integración. Además, la voluntad de transformación por parte de los individuos es necesaria para reducir la brecha digital. Por otro lado, los individuos son libres de integrarse o no digitalmente. ¡Por lo menos, esperamos que sí!

Puentes a construir

Los siguientes factores se pueden utilizar para resumir los tres vectores de cambio:

- educación;
- la creación de contenido por parte de todos;
- la agilidad del individuo.

Instead of emphasizing local content, as Elie Michel does, we can consider content creation by everyone. The notion of localization does not seem to be suitable for digital spaces.

Consideremos un escenario diferente. La creación de contenido en el espacio digital es uno de los impulsores críticos en el despliegue de la inteligencia artificial. Por ejemplo, en su aprendizaje, los algoritmos utilizan el lenguaje para aumentar su capacidad de interpretar nuestros comportamientos. Grabar e interpretar el lenguaje natural con chatbots es similar a la adquisición de datos. En otras palabras, el lenguaje es una joya para el aprendizaje de algoritmos.

Por lo tanto, la Francofonía parece tener el potencial de servir como un puente confiable para la integración de poblaciones remotas y comunidades diversas. Actuaría como un punto de influencia para los francófonos.

La primera etapa de la brecha digital se refiere a los números y la economía. Las diferencias son calculables de acuerdo con indicadores precisos. Este aspecto de la cuestión se resuelve mediante decisiones políticas. El segundo grado, conocido como fractura dentro de una fractura, es más complicado. Sin la voluntad de una persona de cambiar, las brechas no se pueden reducir.

El ciudadano debe ser consciente de su entorno para poder participar en él. La integración digital juega un papel en este proceso. Sin embargo, los seres humanos son naturalmente perfectibles, y se adaptan, en general, a cualquier cambio significativo. Entonces, ya sea que se resista a este cambio o decida adaptarse, ¡el individuo debe ser ágil!

CAPÍTULO 14

GOBERNANZA DE LA IA

Un poder para tomar y compartir
En el corazón de un dilema económico entre la toma de riesgos y la innovación, la gobernanza de la IA es multifacética. Debido a que los sistemas inteligentes solo están parcialmente regulados, sus posibilidades siguen siendo ilimitadas. Este es un potencial aún por explotar, asumiendo que somos los más ágiles.

Sin embargo, un número cada vez mayor de voces están pidiendo un marco más global para la inteligencia artificial y la inclusión de lo que puede llamarse un "piloto en el avión", ya que los intentos existentes parecen carecer de coordinación. Muchas corporaciones multinacionales ahora están instando al G7 a establecer un marco de gobernanza global más efectivo para la inteligencia artificial.

Gobernar la IA sin amenazar la economía

Según el político Michael Froman, vicepresidente de Mastercard, quien recientemente fue elegido para la junta directiva de la compañía Walt Disney, el G7 debería encontrar formas de abordar las preocupaciones legítimas de los gobiernos sobre la gobernanza de la IA. Se trataría de establecer un acuerdo tipo, por ejemplo, sobre la protección de los datos privados, "sin poner en peligro los beneficios de una economía digital abierta", es decir, lograr un equilibrio entre el riesgo y la innovación. Pero, ¿de qué riesgos estamos hablando?

> *"Recomendamos gobernar la IA con un enfoque contextual caso por caso para la gestión de riesgos".*
>
> —Daniel Munro

Obviamente, la cumbre del G7 de 2022 se centrará en los remedios relacionados con la pandemia. Sin embargo, debido a que las iniciativas del grupo son principalmente de naturaleza tecnológica, los desafíos de gobernanza digital inevitablemente estarán sobre la mesa.

La cumbre del G7 se celebrará en Inglaterra. Boris Johnson, el primer ministro, tiene la intención de instar a los líderes a "aprovechar la oportunidad para reconstruir mejor el mundo después del coronavirus, uniéndose para hacer que el futuro sea más justo, más verde y más próspero". También deberíamos esperar el establecimiento de un "Foro de Datos y Tecnología" para tratar de armonizar las diferentes políticas.

Toma de riesgos

La balcanización de la tecnología

Según Michael Froman, las multinacionales han expresado su preocupación por la balcanización de las tecnologías. La gobernanza de la IA en todos los países demuestra claramente el tira y afloja entre la globalización y la fragmentación.

La "balcanización de la web" se refiere al aislamiento de ciertas naciones por su red nacional de la Internet global. La gobernanza de la IA de China es un buen ejemplo.

Balcanización es un término que se refiere a la fragmentación de Internet. El Foro Económico Mundial advierte en su informe de 2020 que la fragmentación de la web es un peligro significativo para la economía global.

> *"Este aislamiento suele estar motivado por el deseo de controlar una nación".* —Kevin Townsend.

China

China tiene un cortafuegos que le permite ejercer control sobre su población a través de un sistema judicial automatizado. Como resultado, su nivel de balcanización es absoluto.

Según el Foro Económico Mundial, las implicaciones económicas desfavorables de la balcanización incluyen un aumento en algunas transacciones legales y el uso indebido de aplicaciones particulares.

Rusia

Rusia ha desarrollado su propio sistema de nombres de dominio (DNS). Este sistema, que está aislado de la web global, permite al estado ruso gobernar las tecnologías. El Estado podría utilizar esta "Internet soberana" en caso de crisis. Esto impediría que los usuarios de Internet rusos accedan a la Internet global y que los usuarios internacionales de Internet accedan a los sitios web rusos.

Corea del Norte

Corea del Norte tiene el mayor grado de balcanización de la web. Solo los líderes tienen acceso a la web global a través de redes rusas o chinas. Los ejecutivos mantienen un control completo sobre la información que se divulga. Además, la intranet norcoreana sigue siendo inaccesible para la gran mayoría de los países internacionales.

Reino Unido

El Reino Unido ha aplicado varias medidas proteccionistas. El estado ha intentado evitar que ciertos residentes accedan a sitios web pornográficos. Sin embargo, el estado no ha podido implementar esta censura debido a la presión por la libertad de discurso y expresión.

Globalización

Por un lado, podemos pensar que la web global es una solución a esta fragmentación. Sin embargo, la globalización de Internet está creando tensiones geopolíticas. Estas tensiones son palpables en el comercio.

> *"La competencia entre multinacionales a veces adquiere la apariencia de una lucha geopolítica entre países".*
>
> —Éric Desrosiers

Por otro lado, la gobernanza global de las tecnologías parece ser un deseo de control, pero a mayor escala. El control de la población entonces parece ser más global en su alcance. La fuerza dominante puede exhibir características tanto del imperialismo como del colonialismo.

En su artículo, "*El nacionalismo alimenta la fragmentación de Internet*", el periodista Kevin Townsend propone un medio (más) feliz. Los estados podrían decidir construir una red privada independiente (VPN) para la administración pública, paralela a la web global, a la que todos los ciudadanos tendrían acceso.

LOS RIESGOS DE LA DISTOPÍA

Escuchamos sobre la distopía como una nueva amenaza. Pero, ¿qué es la distopía? En contraste con una utopía, una distopía es un sistema político fundado en principios erróneos. La distopía inevitablemente resulta en gobiernos autoritarios, que han representado muchas narrativas de ciencia ficción.

Los alter-digitalizadores, como los alter-globalistas, se oponen a cualquier forma de amenaza a la libertad individual. Según ellos, la globalización de la tecnología daría lugar a un universo donde las autoridades ejercerían control sobre los individuos.

Existe un dilema real entre el proteccionismo excesivo y el control de la globalización en la gobernanza tecnológica. El aislamiento es una respuesta razonable teniendo en cuenta la amenaza del terrorismo digital. ¿Cuál es, entonces, el tipo óptimo de gobernanza para la inteligencia artificial dentro de esta oposición?

Varios gobiernos tendrían que explorar una situación que implique un cierto nivel de control sobre las redes. ¡¡Sigamos la conferencia del G7 para conocer las recomendaciones que vendrán del Foro de Datos y Tecnología!! ¿Apoyarán un marco de gobernanza global para la inteligencia artificial?

CAPÍTULO 15

LA COMUNIDAD EUROPEA Y SU VISIÓN

Cuando la UNESCO elabora recomendaciones sobre la ética de la IA

El objetivo principal de la UNESCO es promover la paz internacional. Como resultado, está inextricablemente ligado al desarrollo de proyectos justos y equitativos que beneficien a todos. En otras palabras, proyectos que cumplan con los derechos humanos. La innovación en IA es objeto de importantes debates relacionados con el respeto de estos derechos fundamentales. ¿Qué recomienda la UNESCO?

La Organización de las Naciones Unidas para la Educación, la Ciencia y la Cultura es una subsidiaria de las Naciones Unidas establecida después de la Segunda Guerra Mundial. Su misión es promover la paz a través del intercambio de conocimientos, no a través de la fuerza.

El intercambio de conocimientos debe ser fluido. Como resultado, la UNESCO está tratando de reunir a expertos de diversos campos para co-crear de manera más efectiva iniciativas prometedoras. Las áreas de educación, ciencia y cultura se utilizan para garantizar instituciones justas y equitativas.

La organización ya ha iniciado iniciativas democráticas para desarrollar recomendaciones en inteligencia artificial. Canadá, como miembro, á también está involucrado en la búsqueda de esta misma misión. Es la implementación de una Estrategia Pan canadiense de Inteligencia Artificial.

Paz y equidad a través del conocimiento

La UNESCO tiene como objetivo mantener la paz a través del intercambio de conocimientos. Las tres esferas de competencia en cuestión se agrupan en cinco subsectores:

- Educación;
- Ciencias naturales;
- Humanidades y Ciencias Sociales;
- Cultura;
- Comunicación e información.

Vale la pena señalar que si se mantienen la equidad y la justicia, es debido a la Declaración de Derechos Humanos y al reconocimiento universal de la Carta de las Naciones Unidas por y para todos los pueblos.

¿Cómo podemos imaginar la co-construcción fuera de este marco? ¿Cómo podemos co-crear cuando nuestros valores están en conflicto? ¿Cómo se puede garantizar la justicia entre los hombres y los países si una nación no está de acuerdo con estos principios?

Por lo tanto, juntos, los cinco sectores deben garantizar el respeto de los derechos humanos entre todas las poblaciones. Es deber de la UNESCO hacer esto posible.

¿Qué es la justicia sin la acción solidaria?

La justicia y la igualdad forman parte de la perspectiva de una vida común que compartimos, la de ser humanos. Lo que es aceptable para uno debe ser aceptable para el otro. ¿Cómo se puede imaginar una acción justa si no hay equilibrio? Para un resumen rápido, aquí están las primeras oraciones del primer artículo de la Declaración:

Todos los seres humanos nacen libres e iguales en dignidad y derechos. Están dotados de razón y conciencia y deben actuar unos con otros en un espíritu de fraternidad.

Hay dos partes en este artículo. La segunda parte es un llamado a la acción consciente, razonable y de apoyo. Está inextricablemente ligada a la afirmación inicial de la libertad. Para disfrutar de su libertad, los seres humanos deben actuar por el bien común. De lo contrario, ¡el pacto es nulo y sin efecto! Y, como todos sabemos, el equilibrio es muy frágil.

El punto de partida es compartir objetivos comunes. Las Naciones Unidas han desarrollado 17 Objetivos de Desarrollo Sostenible con esto en mente. A primera vista, la educación parece ser el objetivo principal de la UNESCO. Este es el Objetivo 4: Educación para Todos. De hecho, el acceso a la educación nos permite compartir conocimientos.

Sin embargo, para cumplir con la misión de paz, los objetivos de los sectores deben orientarse hacia la justicia y la no discriminación.

"De hecho, ya es hora de otorgar justicia y no discriminación".

Antes de organizarse en leyes, códigos y preceptos, la justicia es un principio universal. La paz y la construcción de instituciones justas se articulan a través del Objetivo 16 de los Objetivos de Desarrollo Sostenible de las Naciones Unidas.

¿Qué medidas se adoptarán para alcanzar estos objetivos?

Nociones que pueden parecer obvias para nosotros merecen ser revisadas para nuestra mejor comprensión y comunicación y para especificar y equipar el logro de los objetivos.

El bien común

En derecho, los términos "bien común" e "interés general" se utilizan con frecuencia indistintamente. Un "bien común" se define en oposición a un bien específico. Sin embargo, el bien común no es un activo tangible. Sobre todo, se trata de respetar nuestra dignidad humana, diferenciándonos de otros animales.

Hoy todos estamos de acuerdo en que nuestro planeta es un bien común que debe ser protegido. En 1992, las naciones se reunieron por primera vez para abordar los problemas del cambio climático y la biodiversidad. Esto ocurrió en la Cumbre de Río de la Conferencia de las Naciones Unidas sobre el Medio Ambiente y el Desarrollo.

Hoy en día, parece que nuestra humanidad es el bien común que está en peligro. La tecnología está teniendo un impacto más significativo que nunca en nuestros derechos humanos, los cuales también forman la base de nuestro bien común.

Actuar en un espíritu de fraternidad

La justicia y la igualdad de los ciudadanos solo son posibles a través de la acción ciudadana. La votación es un requisito mínimo, pero también lo es la participación en debates que afectan a nuestro bien común. Debemos actuar colectivamente para co-crear un mundo más justo.

La UNESCO ha puesto en marcha una Consulta Mundial para recopilar recomendaciones para co-construir herramientas normativas sobre inteligencia artificial. La organización se ha asociado con Algora Lab y Mila para consultar al público sobre las implicaciones éticas de la inteligencia artificial. Gracias a esta iniciativa, nació el proyecto Diálogo Abierto sobre Inteligencia Artificial (ODAI).

"¡Una forma de actuar con razón y conciencia en un espíritu de fraternidad!"

ISED (Innovation, Science, and Economic Development Canada) organizó talleres deliberativos sobre dilemas éticos en inteligencia artificial del 30 de marzo al 30 de abril de 2021. El Grupo de Trabajo de Conciencia Pública hizo recomendaciones al Consejo Asesor de Inteligencia Artificial del Gobierno de Canadá.

En una época en la que la crisis de valores es más palpable que nunca y en un universo cada vez más sistematizado, las voces de los ciudadanos son críticas. Necesitamos co-construir los preceptos que guiarán nuestras innovaciones en IA.

Mientras los consecuencialistas y universalistas debaten ardientemente las mejores prácticas en inteligencia artificial, las organizaciones internacionales están lanzando acciones ciudadanas globales. Aunque existen casos especiales en las aplicaciones tecnológicas, todas ellas deben respetar los principios universales de justicia e igualdad.

Por lo tanto, el punto de partida parece ser el acuerdo sobre la Declaración Universal de Derechos Humanos,una premisa universal que sirve de punto de referencia o pilar para evaluar desequilibrios como la discriminación sistemática.

¡Europa está sacudiendo el ecosistema de la IA, pasando de la confianza a la regulación!
El 21 de abril de 2021, la Unión Europea tomó la iniciativa y anunció las bases de su marco regulatorio para la inteligencia artificial. Los sistemas afectados son principalmente sistemas de aprendizaje automático de alto riesgo. Las empresas que utilizan estas tecnologías pueden enfrentar multas de hasta el 4% de su facturación anual.

La noción de confianza en la IA: una cuestión de dignidad

La Comisión Europea publicó un Libro Blanco sobre Inteligencia Artificial el 19 de febrero de 2020. El subtítulo del informe es "Un enfoque europeo basado en la excelencia y la confianza". Estos dos conceptos son críticos y pueden parecer bastante abstractos, particularmente en lo que respecta a las tecnologías de inteligencia artificial. Es una cuestión de perspectiva. La confianza no debe desarrollarse o trabajarse desde el lado del usuario, sino por el contrario, desde el lado del objeto. Dado que estamos hablando de inteligencia artificial aquí, es necesario entender que debe ganarse nuestra confianza. Sin embargo, ¿cómo puede otro concepto abstracto, la inteligencia artificial, adquirir esta dignidad?

> *"Saber que es posible en caso de un error de IA obtener daños y perjuicios no crea confianza".* –Dr. Samuel Klaus

Con frecuencia oscilamos entre el entusiasmo por las herramientas mejoradas y el miedo a la novedad. ¿Tendremos más fe en un médico robot que en un médico humano? ¿Confiaremos fácilmente nuestras carteras bancarias a una máquina? ¿Tendremos el mismo nivel de confianza en una mascota digital que en un cachorro?

Las respuestas ya no parecen ser seleccionables. Los objetos tecnológicos son cada vez más omnipresentes en nuestra vida cotidiana, esta es una observación innegable. En estas circunstancias, la pregunta más pertinente es: ¿Podemos tener tanta (si no más) confianza en un robot como en un humano?

Confianza a través de la explicabilidad

De la misma manera que confiamos en procesos o comportamientos familiares, lo desconocido nos perturba. Sin embargo, esta desconfianza es legítima porque ciertos aspectos del aprendizaje automático siguen siendo oscuros. Este es el fenómeno conocido como la "caja negra" de los sistemas de inteligencia artificial.

El Libro Blanco de la Comisión Europea promueve el concepto de explicabilidad. Para ser confiable, el proceso de los objetos tecnológicos debe ser explicable. La confianza en estos objetos solo se puede establecer a través de la transparencia.

REGULACIÓN DE UN VISTAZO: 3 ASPECTOS

Usos prohibidos de la IA

Europa condena ciertos usos de los sistemas de IA que violan los derechos humanos. Se dirige a los siguientes sistemas de IA:

- Técnicas subliminales que distorsionan el comportamiento humano y eventualmente pueden causar daño.
- La explotación de las personas vulnerables.
- Sistemas de identificación biométrica en tiempo real, en lugares públicos utilizados para hacer cumplir las leyes.
- Sistemas utilizados por las autoridades públicas para emitir evaluaciones sociales de las personas.

La identificación biométrica se refiere principalmente al reconocimiento facial en espacios públicos. El informe describe casos excepcionales que pueden ser permitidos, tales como:

- Búsqueda selectiva de víctimas.
- Prevención de ataques terroristas.
- Detección, localización y enjuiciamiento de delincuentes.

Modificación de sistemas de alto riesgo

La Comisión Europea clasifica los sistemas de IA según su nivel de riesgo para los derechos humanos:

- Aquellos que crean un riesgo inaceptable.
- Aquellos con alto riesgo.
- Aquellos con un bajo riesgo, que tienen que cumplir con los requisitos de transparencia (chatbots, deep fakes).

Estos sistemas deben ser transparentes y proporcionar la información necesaria a los usuarios. Es necesario asegurar la supervisión humana tomando en cuenta los sesgos de automatización y garantizando la precisión, robustez y seguridad de estos sistemas.

Requisitos ascendentes y descendentes

Se debe realizar una evaluación de la conformidad de los sistemas de IA en todas las fases del desarrollo y después de su comercialización.

Requisitos ascendentes

- Los sistemas deben ser transparentes.
- Las actividades (registros) deben estar en la lista.
- Se debe establecer supervisión humana.
- Deben identificarse los riesgos para los derechos humanos.
- La robustez y la ciberseguridad deben estar presentes durante todo el proceso.
- Los datos de entrenamiento y prueba deben ser de alta calidad.

Requisitos descendentes

Una vez que se implementa el sistema de IA, debe evaluarse continuamente, incluso si es autónomo. El monitoreo es crítico, permitirá detectar errores significativos del sistema y reportar estos incidentes.

Los sistemas de IA deben ser capaces de monitorear y administrar la calidad de los datos. Además, todas las partes interesadas y terceros deben cumplir con las limitaciones del sistema. En su mayor parte, la posición de la Comisión Europea se hace eco del GDPR (el Reglamento General de Protección de Datos).

Hay razones para preocuparse por las fuertes reacciones a este nuevo enfoque, ya que algunos sistemas parecen estar sobre penalizados, mientras que otros, como el reconocimiento facial, no están lo suficientemente penalizados.

> *"Las excepciones dispuestas conducen, de hecho, a una autorización de una extensión generalizada del reconocimiento facial". –*
>
> Yannick Meneceur

Según Yannick Meneceur, Jefe de la Unidad del Desarrollo Digital del Consejo de Europa, "crear confianza requiere un recurso más fácil para las personas, medidas sociales que tengan mejor en cuenta la dimensión colectiva de los desafíos digitales (especialmente los problemas ambientales) e imponer una carga de cumplimiento basada en evidencia científica sólida, que es un verdadero valor agregado cualitativo. "

La ONU frena la peligrosa IA con una moratoria

El 15 de septiembre, las Naciones Unidas instaron a sus 193 estados miembros a reevaluar las implicaciones éticas de los sistemas de IA de alto riesgo y prohibirlos o regularlos severamente. En su enfoque para lograr el surgimiento de un marco de gobernanza para los sistemas de inteligencia artificial, la ONU, que inicialmente se basó en la confianza con las recomendaciones de Europa, están apretando el tornillo.

Para contrarrestar la rápida velocidad de la producción de aplicaciones inteligentes y detener los sistemas dañinos, las Naciones Unidas recomiendan tiempos de inactividad para evaluar la situación.

Los sistemas inteligentes a los que se dirige la moratoria son aquellos que se clasifican como de alto riesgo. Son aquellas aplicaciones que ponen en peligro nuestros derechos fundamentales, incluidos los sistemas de reconocimiento facial que amenazan la dignidad humana.

> *"El alcance ético de las aplicaciones es objeto de consideración aquí"*

En su declaración del 15 de septiembre de 2021, la Sra. Michelle Bachelet,

Alta Comisionada de las Naciones Unidas para los Derechos Humanos, recomienda "la evaluación sistemática y el monitoreo de los efectos de los sistemas de IA para identificar y mitigar los riesgos para los derechos humanos".

Esta afirmación sigue al informe de la ONU, fechado el 13 de septiembre de 2021, que pide una evaluación ética de los sistemas de alto riesgo como el reconocimiento facial, la toma de decisiones automatizada y las tecnologías de aprendizaje automático.

¿Cuál es el principal objetivo de dicha moratoria? Se trata de proteger y fortalecer todos los derechos humanos en el desarrollo, uso y gobernanza de la IA. Por lo tanto, las Naciones Unidas comprometen a todos los países a garantizar el respeto de los derechos fundamentales para todo el entorno de los sistemas inteligentes y frenan el uso de algunos de ellos. Este es un paso más hacia la gobernanza de la IA.

Reconocimiento facial y elaboración de perfiles: tiempo para la controversia

Clasificado por la Comisión Europea como un sistema inteligente de alto riesgo, el reconocimiento facial está particularmente dirigido por la moratoria de la ONU.

Los datos biométricos están en juego en estas aplicaciones. Tememos, entre otras cosas, instancias de justicia predictiva en este caso. De hecho, se han identificado varios usos discriminatorios, incluida la identificación de los uigures por parte de China.

¿Qué pasa con la toma de decisiones autónoma?

La toma de decisiones automatizada es el proceso por el cual los sistemas automatizados toman decisiones sin intervención humana. Estas decisiones se toman en base a información fáctica, perfiles digitales o información inferida. Sin embargo, no hay garantía de que la población típica utilizada en el diseño de un modelo de aprendizaje automático corresponda a la población que afectará la implementación del sistema. La selección de operadores no siempre se analiza como un todo y generalizar no siempre es el mejor curso de acción.

La toma de decisiones automatizada está inherentemente sujeta a varios sesgos.

Aprendizaje automático

En el aprendizaje automático, los algoritmos desarrollan su "knowhow" (saber – hacer) a través de la adquisición e interpretación de grandes conjuntos de datos. Aprenden a crear modelos que mejoran los procesos. Una vez más, la generalización es imprecisa. El propio algoritmo debe encontrar las similitudes entre los modelos y crear conjuntos. Ya no solo aprende a identificar similitudes, sino también a determinar puntos en común entre dos inferencias para crear una categoría. Este es un principio deductivo muy avanzado.

Sin embargo, los algoritmos no poseen el mismo nivel de autonomía que los humanos. Sus juicios morales no tienen relación con sus elecciones. En un conflicto armado, ¿elegirá la máquina perdonar a tantos niños como sea posible o aniquilar a una de las cabezas principales de la posición enemiga?

CAPÍTULO 16

CUANDO LOS CIUDADANOS SE CONVIERTEN EN SOSPECHOSOS

Las circunstancias excepcionales de la pandemia alientan a algunos gobiernos a experimentar con nuevas aplicaciones de vigilancia civil. Si bien el estado actual de crisis puede argumentar el uso de tecnologías de reconocimiento y control de la población, estamos justificados en temer que su implementación continúe incluso después de que la crisis haya terminado.

EL RIESGO DE NO RETORNO

A pesar del uso necesario de tecnologías avanzadas para hacer frente a la crisis sanitaria, no debería haber una trivialización de estos usos, dice Martin Drago, abogado de La Quadrature du Net. Se espera que algunas medidas excepcionales, como la detección de la temperatura corporal de un individuo, sigan siendo excepcionales debido a la pandemia.

El riesgo de no volver a un estado no monitoreado es real. Por ejemplo, en 2008, el presidente Xi Jinping de China estableció un vasto sistema de cámaras de vigilancia para garantizar la seguridad durante los Juegos Olímpicos de Beijing.

> *"Xi Jinping está estableciendo la primera dictadura digital del mundo".* —Alain Wang

Según el sinólogo Alain Wang, las instalaciones utilizadas para los Juegos brindaron la oportunidad de integrar un sistema nacional de vigilancia permanente.

Los intereses privados coinciden con los "intereses públicos" debido al estado casi monopólico de Huawei, Dahua y HikVision, denominados colectivamente los unicornios chinos. Los objetivos se han vuelto confusos y ya no sabemos con precisión cuáles eran los parámetros de la misión original, pero la evolución numérica no deja dudas sobre la determinación china:

- 2013, año de la toma de posesión de Xi Jinping, China tiene 100 millones de cámaras de vigilancia.
- 2020— China tiene 600 millones de cámaras de vigilancia— Eso es 1 cámara por cada 2 habitantes.

La colaboración entre terceros rara vez se identifica y a menudo es imposible trazar el camino opuesto en la implementación de producciones algorítmicas. ¿Es posible desentrañar este proceso de implementación de IA? ¿Cuáles son las rutas de escape? ¿Y existen planes de contingencia para sistematizar y utilizar aplicaciones de reconocimiento individual?

UN PODER NUNCA IGUALADO

CScience IA presenta un seguimiento del documental del canal ARTE, *All Under Surveillance: 7 Billion Suspects*, que analiza la situación actual. A veces, alarmista, el documental comienza con este preámbulo: "Eso es todo, aquí estamos. La inteligencia artificial tardó 50 años en dar a las autoridades un poder nunca antes igualado. Eso de verlo todo, de escucharlo todo en todas partes y todo el tiempo".

"Un poder nunca igualado a verlo todo, a escucharlo todo, en todas partes, todo el tiempo" —Todos bajo vigilancia: 7.000 millones de sospechosos

De hecho, ¡el FBI ahora tendría la capacidad de identificar al 50% de la población de los Estados Unidos a partir de una simple foto! Así, "en nombre de la lucha contra el terrorismo, Europa, Estados Unidos y China se han embarcado en una carrera por las tecnologías de vigilancia", continúa el narrador del documental.

Hoy en día las poblaciones están siendo monitoreadas, localizadas y rastreadas. Las ciudades inteligentes proporcionan una gran cantidad de entretenimiento, pero con frecuencia a expensas de un mayor control. En Niza (en Francia, nota del editor), por ejemplo, se han realizado pruebas de vigilancia y justicia predictiva, según Martin Drago. Se teme que estas prácticas opresivas se conviertan en permanentes.

Usa el tiempo como límite

Bénédicte Jeannerod, directora francesa de *Human Rights Watch*, condena el hecho de que las empresas francesas exporten tecnología a países que no respetan los derechos humanos. Las aplicaciones de vigilancia, como Thales, se venden a países que practican políticas represivas. Egipto es un ejemplo revelador.

Además, el directivo critica que las ciudades sean administradas por empresas privadas. El público en general desconoce cómo funcionan los algoritmos. Además, estos proyectos de ciudades inteligentes son financiados por bancos públicos o la Comisión Europea.

Según Jeannerod, las empresas deben tomar las siguientes medidas para garantizar que se respeten los derechos humanos:

- Asegurar la protección de datos.
- Confiar sobre el consentimiento de las personas afectadas por sus solicitudes.
- Proporcionar reparación a los ciudadanos que se sienten agraviados o abusados.
- Limitar estas operaciones a lo largo del tiempo.

Los argumentos que justifican la importancia del límite de tiempo y la necesidad de construir puertas de salida se desarrollan con más detalle en el documental.

Es cuestionable si las ventajas de estos sistemas de monitorización justifican las desventajas que pueden generar. ¿Proporcionan estas aplicaciones la mejor manera de luchar contra el terrorismo y la delincuencia? ¿Qué nivel de libertad estaríamos dispuestos a sacrificar a cambio de una mejor seguridad pública?

Sabiendo que la justicia predictiva puede extender el perfil hasta el punto de autorizar un arresto a partir de la imagen de una persona por detrás, ¿podemos deducir que todos nos hemos convertido en sospechosos potenciales?

CONCLUSIÓN

ÉTICA DE LA IA

A medida que la inteligencia artificial se vuelve más avanzada, debemos considerar implicaciones éticas de la IA. Ya interactuamos con las máquinas a diario y la mayoría de la gente asumiría que estas interacciones se llevan a cabo de manera ética. Pero, ¿qué pasa si la IA se utiliza para tomar decisiones de vida o muerte? ¿Estará sesgado contra ciertos grupos? Si es así, ¿quién será responsable de esos sesgos? ¿Cómo podemos garantizar que la IA tome decisiones justas basadas en datos objetivos? Estas preguntas aún no han sido respondidas, pero son las que debemos considerar ahora antes de que sea demasiado tarde.

A medida que mis reflexiones y mi misión crecían sobre la ética de la IA, leí **Inventing World 3.0** de Matthew James Bailey. Me impresionó de inmediato su visión de la ética evolutiva de la IA. Para fomentar mejores actitudes hacia nuestras innovaciones, la ética de la IA debe evolucionar y ser lo más adaptable posible.

Inventing World 3.0 presenta una nueva perspectiva sobre nuestro mundo y su futuro. "El destino de la asociación hombre-máquina ha llegado", dice Bailey. Desde un punto de vista muy positivo y con ricos argumentos, el Sr. Bailey nos invita a pensar en nuevos paradigmas sociales. Con la IA, cuanto más innovemos, más tendremos que adaptarnos y nutrir las virtudes humanas.

"La Inteligencia Artificial tiene el potencial de hacer el bien", dice Bailey, pero: "en las manos equivocadas, impulsada por las pobres virtudes éticas humanas, tiene el potencial de ser manipuladora, disruptiva y dañina". Se refiere al filósofo antiguo Aristóteles para examinar cómo la sabiduría sobre la ética humana puede ayudarnos a construir un nuevo marco ético para la IA.

"Las virtudes son hábitos", recuerda Bailey. Más que eso, "una persona que ha desarrollado virtudes estará naturalmente dispuesta a actuar de manera consistente con sus principios morales". A partir de ahí, el Sr. Bailey examina los conjuntos de virtudes éticas de Aristóteles y propone una adicional: la compasión. De hecho, "durante el tiempo de la actual pandemia global, hemos visto surgir una nueva forma de compasión en toda la sociedad".Bailey establece nuevos paradigmas para despertar lo que él llama "la mentalidad digital de la IA". Ahora está construyendo una nueva academia de paradigma con clases magistrales para certificar a personas influyentes para ayudar a facilitar la implementación de la ética de la IA. Nos invita a considerar tres aspectos fundamentales: el contexto mundial, el contexto humano y el contexto del propósito.

Comparto con el Sr. Bailey la misma visión y optimismo para una nueva mentalidad global que abarque a los seres humanos y las tecnologías para un futuro mejor. Como investigador de doctorado, deseo demostrar la necesidad de las virtudes tecnomorales integradas por el diseño en la IA.

Al final del libro del Sr. Bailey, inmediatamente quise comunicarme con él para felicitarlo por las palabras que deben decirse en esta nueva era de la tecnología. Compartí con él mi alineación con los ODS de las Naciones Unidas, especialmente el ODS 16 para la paz y las instituciones justas. Tuvimos algunas charlas sobre la posibilidad de construir marcos para la ética de la IA.

Es refrescante ver a tantos académicos y pensadores profundizando en el tema de la ética de la IA. La mayoría de los académicos que la estudian, tienen una formación interdisciplinaria tanto en ciencias de la computación como en filosofía. Y esas son solo algunas de sus especialidades: el campo atrae a investigadores de muchos orígenes, incluidas matemáticas, biología, neurociencia, psicología y economía. Pero una cosa que todos estos expertos tienen en común es que están tratando de responder preguntas bastante complejas sobre la moralidad humana y nuestra futura relación con las máquinas inteligentes.

El Dr. Garba Moussa es un econometrista con especialización en algoritmos de aprendizaje automático. Trabaja a gran escala para identificar los vínculos entre la econometría y el análisis de datos. Su principal preocupación son las decisiones basadas en datos.

El Dr. Moussa creó un panel de control para la UNESCO que visualiza los costos económicos de 83 países. Trabajó en proyectos de inteligencia empresarial, como el diseño del flujo de datos y la predicción de series temporales en e-Qual, una organización de prestación de servicios para el monitoreo y la evaluación de la educación de la UNESCO.

El Dr. Moussa dirigió y lideró varios proyectos de aprendizaje automático, como el procesamiento de prueba de concepto de extremo a extremo, la implementación de la arquitectura de series temporales DataLake, la recopilación de datos y la creación de algoritmos predictivos y algoritmos de detección de anomalías y desequilibrios (AdaBoost, Catboost, RUSBoost, SMOTEBoost) para analizar y resolver problemas comerciales complejos.

Su contribución a mi negocio fue fantástica, ya que aprecia los desafíos de las nuevas empresas en crecimiento. Dirigió proyectos de desarrollo de productos utilizando datos y combinando ML e inferencia causal para crear nuevos métodos que aprovechan las fortalezas de los algoritmos de ML para resolver problemas de inferencia causal.

Empoderado por su investigación de doctorado, desarrolló habilidades en teoría económica, análisis de datos, modelado econométrico en regulación bancaria, desarrollo financiero y realizó investigaciones en políticas prudenciales, con algunas habilidades en ciencias de la computación.

Considero que el Dr. Moussa es un excelente socio en la construcción de una certificación internacional de ética de IA alineada con los ODS de las Naciones Unidas, especialmente el ODS 16.

Lo más crucial para nosotros al desarrollar una buena IA es basar nuestro trabajo en la ética y es especialmente importante trabajar con un equipo que refleje la sociedad, en términos de raza, género y antecedentes socioeconómicos. Hay muchas voces en la IA que actualmente no se escuchan; necesitamos más mujeres y personas de entornos subrepresentados para ayudar a dar forma a la manera en que construimos nuestra tecnología futura. Queremos una IA inclusiva que ayude a la humanidad en lugar de perjudicarla.

> *"La anonimización de los datos no ofrece un control efectivo de su confidencialidad".* –Pamela Gupta

Sería negligente de mi parte concluir este libro sin reconocer el trabajo de otra mujer inspiradora que trabaja en ética de la inteligencia artificial, la Sra. Pamela Gupta. A través de su AI SPIT MODEL, la Sra. Gupta ofrece un enfoque sistemático y holístico de la ética aplicada a la inteligencia artificial. El modelo AI SPIT es un software que se ocupa de la seguridad y la transparencia dentro de los sistemas de IA. La aplicación que ha construido permite garantizar la seguridad, confidencialidad de los datos, integridad y transparencia en la construcción de sistemas de inteligencia artificial.

Pamela Gupta, graduada del MIT (Massachusetts Institute of Technology), es la presidenta y fundadora de OutSecure, empresa especializada en ciberseguridad. Tiene experiencia en inteligencia artificial, seguridad de Internet de las cosas (IoT) e integración de seguridad en el diseño de programas. Durante más de 20 años, Pamela Gupta ha asesorado a multinacionales para definir su estrategia de programa de seguridad.

En los negocios, nos dice: "Hay que saber anticiparse y anticiparse de nuevo, sin descanso". Por lo tanto, la misión principal de su empresa es crear software de seguridad que ayude a los clientes a preveer y gestionar eficazmente sus riesgos.

Sus servicios se especializan en la identificación de exposiciones de riesgo de violación de ciberseguridad para empresas y tecnologías emergentes en Internet de las cosas (IoT) e IA. Recientemente lanzó la aplicación AI SPIT Model, que ofrece un enfoque holístico de la ciberseguridad.

Los sistemas de inteligencia artificial requieren un enfoque diferente.

Debe incluir métodos de seguridad tradicionales, como el control de acceso y mucho más. Gupta nos ofrece un modelo que apunta a cuatro componentes críticos en el proceso de construcción. Las características definitorias del sistema son la seguridad, la privacidad, la integridad y la transparencia. Son los elementos clave que garantizan que tengamos sistemas seguros y resistentes con resultados en los que podamos confiar plenamente.

"S" por seguridad. Los sistemas inteligentes deben ser ciberresilientes con modelos de riesgo efectivos que vayan más allá de la protección de los datos de entrenamiento o la propia infraestructura.

"P" para PRIVACIDAD (privacidad). Los sistemas inteligentes, por su naturaleza, pueden inferir y construir datos. ¿Cómo funcionan realmente? Hay un área gris dentro de la construcción de los datos en sí. Gupta nos dice que la ofuscación de datos (anonimización) no proporciona un control efectivo sobre la privacidad de los datos.

"I" para la integridad de los datos. Los algoritmos deben verificarse para detectar corrupción y sesgo. La equidad y la no discriminación son necesarias en cualquier construcción de sistemas de IA. El procesamiento de datos debe llevarse a cabo para respetar los intereses del interesado y no permitir la discriminación.

Los algoritmos sesgados en los sistemas de inteligencia artificial son un fenómeno bien conocido. Esto ya no es un hecho oculto. Observamos sistemas de IA que con frecuencia exhiben discriminación por motivos de raza, orientación sexual, salud, religión o incluso ideología, como explica Pamela Gupta.

"T" significa "Transparencia". La transparencia y el derecho a la información son esenciales para todos nosotros. La inteligencia artificial no es totalmente transparente. En su mayor parte, es una caja negra. No siempre entendemos cómo toma decisiones. Esta es la razón por la que es imposible explicar las operaciones complejas de IA a un lego.

"¡El modelo AI SPIT es un modelo independiente de la industria!" Entendemos aquí que estamos hablando de un modelo que es escéptico por naturaleza y cuestiona cualquier tipo de industria por principio", dice.

Además, la aplicación SPIT Model es holística. Para hacer esto, procesa datos a lo largo del proceso de diseño del sistema de IA. Este enfoque proporciona control sobre la calidad de los datos dentro de su ciclo de vida, por ejemplo, con respecto a los datos entrantes y salientes.

Es un modelo de gobernanza de IA totalmente integral que incluye seis fases:

1. Obtener una comprensión del negocio.
2. Obtener una comprensión de los datos.
3. Preparar los datos.
4. Modelado completo.
5. Evaluar.
6. Desplegar.

La etapa de modelado es la etapa principal para la implementación del aspecto evolutivo de la ética. Es en este punto donde se discuten los sistemas de transparencia.

A medida que la IA continúa ganando impulso, los riesgos de seguridad son evidentes, especialmente cuando se trata de sistemas de aprendizaje automático surgen muchas preguntas. Las empresas están atrapadas entre el árbol y la corteza. Se preguntan si utilizar procesos de autorregulación o analizar proyectos de inteligencia caso por caso.

Las naciones de alta tecnología, incluidas Rusia, China, el Reino Unido, los Estados Unidos, Israel y otros como Turquía, han estado desarrollando armas autónomas que pueden detectar y matar objetivos sin intervención humana, dice Gupta.

Debemos considerar todas las iniciativas a favor de una tecnología que garantice tanto la seguridad como la transparencia de los sistemas. En este terreno cambiante, vale la pena estar doblemente informado.

Será fascinante observar cómo se implementa el trabajo de la Sra. Gupta en la ética de la IA en el futuro.

En cierto sentido, la tecnología es un recurso natural como cualquier otro y tal vez por eso atrae tanta oposición. A diferencia de algunos recursos como el petróleo o el carbón, el progreso tecnológico a menudo cobra vida propia, con valores humanos que impulsan la toma de decisiones y avances en inteligencia artificial que dan motivos de preocupación sobre hacia dónde se dirige la ética de la IA. A veces tendemos a dar por sentado cuánto mejor se han vuelto nuestras vidas debido a la tecnología y que nos ha traído más conveniencia de lo que podríamos haber imaginado antes. Nos ha permitido conectarnos con personas de todo el mundo al instante y ha hecho que el acceso a la información sea más accesible que nunca. De hecho, hay muchos beneficios de la inteligencia artificial de los que tal vez ni siquiera seamos conscientes todavía.

No hay duda de que la IA se integrará en diversas actividades de nuestras vidas. Muchas personas, sin embargo, están preocupadas por cómo se puede usar. Algunos argumentan que las máquinas carecen de valores humanos y no se les debe permitir tomar ciertas decisiones sobre los humanos, especialmente las de vida o muerte. Por ejemplo, si una máquina toma una decisión que causa daño a otra persona, ¿quién es responsable? Esta pregunta se ha planteado en muchos casos judiciales que involucran IA, por ejemplo, cuando los automóviles autónomos causan accidentes. Estas preguntas deben responderse antes de que la IA pueda implementarse de forma segura a gran escala.

Por supuesto, la ética de la IA no es una ciencia perfecta, y existen barreras para implementarla. Primero, es imposible saber qué sucederá cuando un robot comience a pensar. En segundo lugar, tenemos que descubrir cómo enseñar a los robots una ética aceptable. Un algoritmo puede hacer matemáticas, pero no tiene intuición o instinto. ¿Cómo identificaremos un error en su pensamiento? Y tercero, la ética de la IA requiere que seamos honestos sobre nuestros propios sesgos. Si queremos una IA justa e imparcial, primero debemos entender nuestros propios prejuicios. Una máquina similar a la humana podía tomar todo tipo de decisiones sin darse cuenta de que estaban sesgadas por su creador. Eso significa que las empresas también deben contratar equipos diversos y asegurarse de incluir tantas perspectivas como sea posible durante el desarrollo (y más allá). Estas pueden parecer tareas simples, pero desafortunadamente, la diversidad todavía falta en la mayoría de las industrias hoy en día, particularmente en las empresas de tecnología. Para hacer las cosas bien, tendremos que cambiar cómo funcionan los sistemas de IA y quién trabaja en ellos. Por ahora, sin embargo, centrémonos en hacer que funcionen mejor.

Hemos llegado a una coyuntura crítica en la que ya no es suficiente maravillarse con las asombrosas capacidades de la IA. Los sistemas de IA son cada vez más potentes y capaces de tomar decisiones críticas que afectan la vida de las personas. Esto significa que debemos decidir cómo queremos usarlos y cómo queremos ser tratados por ellos. Un programa de ética reflexivo puede ayudarnos a tomar sabiamente esas decisiones, sin embargo, la investigación muestra que la mayoría de las organizaciones no están priorizando o invirtiendo en la ética de la IA. Los riesgos son altos, pero también lo es nuestra oportunidad de recompensa: adoptar un enfoque ético de la IA nunca ha sido más urgente, ni más posible. El primer paso es reconocer lo que está en juego y luego tomar medidas en consecuencia. Es hora de empezar a hablar de ética en la IA. Es hora de hacer algo al respecto.

SOBRE EL AUTOR

Patricia Gautrin es estudiante de doctorado en ética de la inteligencia artificial en la Universidad de Montreal, bajo la supervisión del profesor Marc-Antoine Dilhac. Trabaja como asistente de investigación en el Algora Lab de MILA. El Algora Lab es una instalación de investigación académica interdisciplinaria dedicada a desarrollar una ética deliberativa para la inteligencia artificial y la innovación digital, analizando las implicaciones sociales y políticas de la sociedad algorítmica emergente. Patricia también es periodista de ética de IA para CScience AI, el único medio de comunicación de la provincia de Quebec dedicado enteramente a la Inteligencia Artificial. Como presidenta de Intelligence NAPSE, su objetivo es crear un nuevo marco ético internacional para la IA que esté alineado con el ODS 16 de la ONU.

Conéctate con Patricia

https://napse.ca/

REFERENCIAS

Tecnología y Moralidad

Bailey, Matthew James, Inventing world 3.0, Evolutionary Ethics for Artificial Intelligence, ed. Matthew James Bailey, 2020.

Bourdon, Marie-Claude, *Intelligence artificielle et droits humains : un rapport de l'UNESCO | UQAM*, janvier 2020.

Calderón, José, Association for Progressive Communications, *Artificial intelligence: Human rights, social justice and development*

Canadian Government, https://open.canada.ca/en/open-data, October 2020.

Cervoni, Laurent; de La Clergerie, Éric; Rousseaux, Francis, *Réconcilier les intelligences (artificielles)*, ActuIA, 2021.

Cremer, David; *Leadership by algorithm, 2020*.

Durmus, Murat, *Eight Useful Slides of AI Ethics*, ed. Aisoma.de, 2020

European Commision, *Libre blanc: Intelligence artificielle, Une approche européenne axée sur l'excellence et la confiance, Bruxelles*, PDF, 2020

Guttag , Harini Suresh, John V. , *A Framework for Understanding Unintended Consequences of Machine Learning*, Cornell University, février 2020.

Koene, Ansgar, *Algorithmic Bias, Addressing Growing Concerns,* IEEE Technology and Society Magazine, juin 2017

Laulhé Shaelou, Stéphanie, Professor of European Law and Reform and Head of the School of Law, UCLan Cypru, *Artificial intelligence And Human Rights* , Gold Magazine, 2018

United Nations, 17 Sustainable Development Goals, 169 targets

Cervoni, Laurent; de La Clergerie, Éric; Rousseaux, Francis, *Réconcilier les intelligences (artificielles)*, ActuIA, 2021.

Cremer, David; *Leadership by algorithm, 2020*.

Hosanagar, Kartik; *Who Made That Decision: You or an Algorithm?*, The Wharton School, The University of Pennsylvania, 2019.

Miller, Ron; *Artificial intelligence is not as smart as you (or Elon Musk) think*, TechCrunch, 2021.

Zao-Sanders, Marc; *How to Think for Yourself When Algorithms Control What You Read*, Harvard Business Publishing, 2018.

Responsabilidad VS Toma de Decisiones

Aguilera Yowa Muzadi, *L'automatisation de la justice*, Medium, Dec 15, 2017.

Babeau Olivier, *Confions la justice à l'intelligence artificielle !*, 26 septembre 2016.

Bryson, Joanna J., 2019, "The Past Decade and Future of Ai's Impact on Society", in Towards a New Enlightenment: A Transcendent Decade, Madrid: Turner – BVVA

Demeure, Yohan, *La prochaine étape pour l'homme : l'ère du cyborg*, Sciencepost, juin 2017.

Forum Économique 2020, *When Humans Become Cyborgs*.

Hamzelou, Jessica, *We will soon be able to read minds and share our thoughts*, NewScientist, dec 2016.

Harel Stéphane, Avocat, associé principal, *Harel Avocats*

Harini Suresh, John V, Guttag, A Framework for Understanding Unintended Consequences of Machine Learning, MIT.

Latour, Bruno, *La fin des moyens*, Réseau, 1999.

Levin, Susan, *Playing to lose: transhumanism, autonomy, and liberal democracy*, Oxford University Press's, janvier 2021.

ICO, What is automated individual decision-making and profiling?, UK's independent body set up to uphold information rights

Lohr Steve, *A.I. Is Doing Legal Work. But It Won't Replace Lawyers*, Yet, March 19, 2017.

Musk, Elon, *Elon Musk says humans must become cyborgs to stay relevant. Is he right?*, The Guardian.

Piana Daniela, *Predicting Justice: what if algorithms entered the courthouse?* February 2018, Researchgate.

Wachter, Sandra, Brent Mittelstadt, and Luciano Floridi, 2017, "Why a Right to Explanation of Automated Decision-Making Does Not Exist in the General Data Protection Regulation", International Data Privacy Law.

Sesgo y discriminación sistémica

Bertail, Patrice; Bounie, David; Clémençon, Stephan; Waelbroeck, Patrick; *Algorithmes : biais, discrimination et équité*; Télécom ParisTech, février 2019.

Bolukbasi, Tolga; Chang, Kai-Wei; Zou, James; Saligrama, Venkatesh; Kalai, Adam; *Man is to Computer Programmer as Woman is to Homemaker? Debiasing Word Embeddings*; nips.cc.

Chouldechova, A. 2017. Fair prediction with disparate impact: A study of bias in recidivism prediction instruments. Big data 5(2):153–163.

Gajane, P., and Pechenizkiy, M. 2017. On formalizing fairness in prediction with machine learning. arXiv preprint; arXiv:1710.03184.

Gauvreau, Claude; *Reconnaître les biais cognitifs pour mieux les contourner*, UQAM, janvier 2021.

Gregory, Morgan; *What Does Fairness in AI Mean?*, Forbes, janvier 2020.

Heilweil, Rebecca; *Algorithms and bias*, Vox, février 2020.

Nabi, R., and Shpitser, I. 2018. Fair inference on outcomes. Intelligence. AAAI Conference on Artificial Intelligence, volume 2018, 1931. NIH Public Access.

Obermeyer, Ziad; Powers, Brian; Vogeli Christine; Mullainathan Sendhil; *Dissecting racial bias in an algorithm used to manage the health of populations*, Science (sciencemag.org), octobre 2019.

Varshney, Kush R.; *Reducing discrimination in AI with new methodology*, IBM, décembre 2017.

Wachter, Sandra & Mittelstadt, Brent, A Righgt to Reasonable inferences: re-thinking data protecion law in the age of big data and IA, *Columbia Business Law Review – Vol. 2019 – Issue 2*

Amenazas para nuestro libre albedrío

Allard, Louise; *L'intelligence artificielle à l'épreuve des libertés et droits fondamentaux;* affiches-parisiennes.com, octobre 2020.

Belleil, Arnaud; La traçabilité de l'individu mobile : vers la surveillance désirée, octobre 2004.

Bossmann, Julia; Top 9 ethical issues in artificial intelligence, World Economic Forum, octobre 2016

Brousseau-Pouliot, Vincent; *Il faut qu'on parle de votre identité numérique*; La Presse, juillet 2020.

Christen, Markus, Gordijn, Bert, Loi, Michele, *The International Library of Ethics*, Law and Technology 21, The Ethics of Cybersecurity, ISSN 1875-0044 ISSN 1875-0036 (electronic)

Ciprian, Radavoi;*The Impact of Artificial Intelligence on Freedom, Rationality, Rule of Law and Democracy: Should We Not Be Debating It?*; researchgate.net, juillet 2020.

Facebook, *Conditions de service*.

Flajolet, Philippe; Parizot, Étienne; *Qu'est-ce qu'un algorithme ?;* Interstices, 2004.

Kafka, Franz; *Le Procès*, 1925.

Kho, Kelly; *Artificial Intelligence Rationality and intelligence*; Academia.edu, 1997.

Koenig, Gaspard; *Liberté et intelligence artificielle, quel avenir pour l'individu ?;* franceculture.fr, octobre 2019.

Kumar Sahu, Manas; *Kantian notion of freedom and Autonomy of Artificial Intelligence;* Academia.edu.

McFadden, Christopher; *15 of the Most Important Algorithms That Helped Define Mathematics, Computing, and Physics*; Interesting Engineering, 2018.

Moyens I/O; *Que sont les algorithmes et pourquoi mettent-ils les gens mal à l'aise?;* Moyens I/O, 2020.

Paré, Isabelle; *Quelques algorithmes connus*; Le Devoir, 2017.

Paré, Isabelle; *La main invisible des algorithmes;* Le Devoir, 2017.

Paré, Isabelle; *Pour s'y retrouver parmi les algorithmes;* Le Devoir, 2017.

Pessoa, Ferando; *Le Théâtre de l'être*, publié en français, ed. La Différence, 1991.

Réguer, Fanny; *Fernando Pessoa : les hétéronymes comme traitement du corps*, Postures, La disparition de soi : corps, individu et société, n°26, 2017.

Roberge Pierre; Directeur Général; *Laboratoire d'identité numérique du Canada*, initiative du Conseil d'identification et d'authentification numériques du Canada (CCIAN), 2021.

Schallum Pierre, Jaafar Fehmi, Médias sociaux : perspectives sur les défis liés à la cybersécurité, la gouvernementalité algorithmique et l'intelligence artificielle, Éthique, IA et sociétés – OBVIA, janvier 2021.

Scriptol; *Classification des algorithmes;* (scriptol.fr)

Spinoza, Baruch; *L'Éthique*; 1930.

Tesson, Sylvain; *La règle de l'autre : comment comprendre "Je est un autre" chez Rimbaud ?*; France Inter; 2020.

Tréguer, Félix; La Quadrature du Net, La Quadrature du Net promeut et défend les libertés fondamentales dans l'environnement numérique.

Tréguer, Félix; L'utopie déchue, Fayard, septembre 2020.

Venkatarama Krishnan, Siddharth, Why business cannot afford to ignore tech ethics, The Financial Times Limited. 6 dec. 2020

Wikipédia, *Identité numérique.*

World Economic Forum, *AI Governance: A Holistic Approach to Implement Ethics into AI*, janv. 2019.

Ciberseguridad

European Commission; State of the Union: Commission proposes a Path to the Digital Decade to deliver the EU's digital transformation by 2030; 2021.

Commission Européenne; État de l'Union: la Commission propose une voie à suivre pour la décennie numérique afin de réaliser la transformation numérique de l'UE à l'horizon 2030, 2021.

Commission Européenne; La boussole numérique 2030; 2021

Gouvernement du Canada, *Guide de la monnaie virtuelle pour les utilisateurs de cryptomonnaie et les professionnels de l'impôt.*

Le Devoir; Économie; *La monnaie virtuelle s'ancre dans le réel*; Octobre 2013.

Lessage, Nelly; *Qui est Satoshi Nakamoto ? Découvrez les théories sur le mystérieux inventeur du bitcoin*; Numerama; Juin 2021

Montoya, Angelina; *Au Salvador, Nayib Bukele, président populaire et populiste*; Le Monde; Juillet 2021.

Raynal, Adeline; *Le premier distributeur automatique de bitcoins débarque au Canada*, La Tribune; Octobre 2013.

Vumetric cybersécurité; Qu'est-ce que le Piratage Éthique?

Wikipédia; Oliver Stone; Snowden; film 2021.

Wikipédia, Edward Snowden.

Tipos de algoritmos

Flajolet, Philippe; Parizot, Étienne; *Qu'est-ce qu'un algorithme ?;* Interstices, 2004.

McFadden, Christopher;*15 of the Most Important Algorithms That Helped Define Mathematics, Computing, and Physics*; Interesting Engineering, 2018.

Moyens I/O; *Que sont les algorithmes et pourquoi mettent-ils les gens mal à l'aise?;* Moyens I/O, 2020.

Paré, Isabelle; *Quelques algorithmes connus*; Le Devoir, 2017.

Paré, Isabelle; *La main invisible des algorithmes;* Le Devoir, 2017.

Paré, Isabelle; *Pour s'y retrouver parmi les algorithmes;* Le Devoir, 2017.

Scriptol; *Classification des algorithmes;* (scriptol.fr)

El valor of an Algoritmo

Cardon, Dominique; Casilli, Antonio; *Qu'est-ce que le digital labor ?*, INA, 2015.

Marr, Bernard; *The Intelligence Revolution: Transforming Your Business with AI*, bernardmarr.com, mars 2020.

Naccache, Lionel; *L'homme réseau-nable.* Du microcosme cérébral au microcosme social, Odile Jacob, 2015.

Sadin, Éric; *La Silicolonisation du monde*, Les Éditions L'échappée, lechappee.orr., 2016.

Supiot, Alain; *L'esprit de Philadelphie.* La justice sociale face au marché total, Le Seuil, 2010.

Aprendizaje profundo

Blohorn, Agar; *Concepts mathématiques derrière le machine learning : la régression linéaire*, ActuIA, 2019.

Chaouche, Yannis; *Identifiez les différents types d'apprentissage automatiques*; OpenClassrooms; mars 2021.

Patrick, Mark; *Comprendre l'intelligence artificielle: l'apprentissage (training)*; Electronique News, mars 2021.

Priyadarshini, Pallavi; *Comment choisir les algorithmes de ML pour les problèmes de régression?*; Geekflare, 2019.

Valcheva, Silvia; *Supervised vs Unsupervised Learning: Algorithms and Examples*; IntellSpot.

Vandomme, Roger; *Les concepts essentiels de l'IA; CScience IA*, 2020.

Conexionismo VS Simbolismo

Bernard Victorri; Traité de neuropsychologie clinique, *Chapitre 7. Le connexionnisme*, De Boeck Supérieur, 2008.

Cardon, Dominique; Cointet, Jean-Philippe; Mazier, Antoine; *La revanche des neurones; L'invention des machines inductives et la controverse de l'intelligence artificielle*; La Découverte, « Réseaux »; 2018.

Collobert, Daniel Y. M.; Maruan, Alain D.; *Connexionnisme, calcul, reconnaissance des formes et intelligence artificielle*, Springer, 1989.

Rumelhart, David E.; McClelland, James L.; *Parallel Distributed Processing, Volume 1 Explorations in the Microstructure of Cognition: Foundations*, A Bradford Book, 1986.

Rumelhart, David E.; McClelland, James L.; *Parallel Distributed Processing, Volume 2, Explorations in the Microstructure of Cognition: Psychological and Biological Models*, A Bradford Book, 1986.

Verbeke, Lise; *Aux origines de l'intelligence artificielle*; France Culture, 2018.

Consecuencialista VS Universalismo

La Déclaration de Montréal pour un développement responsable de l'intelligence artificielle, 2018

Hamel-Dufour, Sophie, Se connecter à la société… et à l'éthique, La Presse+, décembre 2018

Ménissier, Thierry, Quelle éthique pour l'IA, Colloque de l'Académie Delphinale, archives-ouvertes.fr, octobre 2020

Moïse, Alexandre, *Déterminer la valeur de l'IA*, Le Devoir, mai 2019

Parent, Lise, La Déclaration de Montréal pour un développement responsable de l'intelligence artificielle, *Éthique et algorithmes*, mars 2018

Van de Poel, Ibo, *Embedding Values in Artificial Intelligence (AI) Systems*, researchgate.net, aout 2020.

Wong, Pak-Hang, *Cultural Differences as Excuses? Human Rights and Cultural Values in Global Ethics and Governance of AI*,researchgate.net, novembre 2020

Emulación de memoria

Grupo de estudio avanzado sobre memoria humana en la era digital, *memoria humana en la era digital,* Instituto Pufendorf, juin 2018.

Centro Conte en Harvard, *Connectomics*, 2015.

Dixon, Travis; *TRAVIS DIXONTechnology and Memory: The negative effects of digital technology on memory #1 (and key studies),* IB Psychology, enero de 2019.

Parkin, Simón; *Back-up brains: La era de la inmortalidad digital* – BBC Future, 2015.

Sandberg, Anders; Bostrom, Nick; *Whole Brain Emulation: A Roadmap,* (ox.ac.uk), 2008.

Advanced Study group on Human Memory in the Digital Age, *Human Memory in the Digital Age,* Pufendorf Institute, juin 2018.

Conte Center at Harvard, *Connectomics*, 2015.

Dixon, Travis; *TRAVIS DIXONTechnology and Memory: The negative effects of digital technology on memory #1 (and key studies),* IB Psychology, janvier 2019.

Parkin, Simon; *Back-up brains: The era of digital immortality–* BBC Future, 2015.

Sandberg, Anders; Bostrom, Nick; *Whole Brain Emulation: A Roadmap,* (ox.ac.uk), 2008.

Inimización de datos M

Becoming Goldilocks, F. Peters, in Perspectives on Data Science for Software Engineering, 2016

Privacy-Enhancing Technologies, Simone Fischer-Hbner, Stefan Berthold, in Computer and Information Security Handbook (Third Edition), 2017

Privacy preservation for V2G networks in smart grid: A survey, Wenlin Han, Yang Xiao, in Computer Communications, 2016

Privacy Preservation in Smart Cities, Danda B. Rawat and Kayhan Zrar Ghafoor, in Smart Cities Cybersecurity and Privacy, 2019

The Internet of Things and the (not so) Smart Grid, Stuart Sumner, British Library Cataloguing-in-Publication Data, 2016

Escrutabilidad

Balog, Krisztian; Radlinski, Filip, Arakelyan, Shushan; *Transparent, Scrutable and Explainable User Models for Personalized Recommendation;* International ACM SIGIR Conference on Research and Development in Information Retrieval, 2019.

Chalmers, David J.; *Concepts and the Scrutability of Truth.*

Chalmers, David J.; *Constructing the World,* Oxford University Press, 2012.

Chalmers, David J.; *Face Up to the Problem of Consciousness.*

Schroeter, Laura; *Scrutability and Epistemic Updating: Comments on Chalmers's Constructing the World,* Oxford Academic, Analysis, Volume 74, Issue 4, 2014.

Estúpida IA

Bishop; John Mark; *Artificial Intelligence is stupid and causal reasoning won't fix it;* researchgate.net;juillet 2020.

Elsom, Jack; *Alexa told a terrified mother, 29, to 'stab yourself in the heart for the greater good';* Daily Mail Online; dec 2019.

Gomez, Emilio; *Stupidity in Science*; researchgate.net); février 2020.

Marcus, Gary; *The Future of the Brain: Essays by the World's Leading Neuroscientists,* 2016.

Neiger, Chris; *6 Scary Stories of AI Gone Wrong,* The Motley Fool, 2017.

Sakat, Toby; *The Good, The Bad and The Ugly of Artificial Intelligence and Machine Learning;* Applied Innovation Exchange; avril 2018.

Sinced Review, *10 AI Failures;* AI Technology & Industry Review; 2018.

Sinced Review; *10 AI Failures,* AI Technology & Industry Review; 2017.

Tennenbaum, Jonathan Benjamin, *The stupidity of Artificial Intelligence;* researchgate.net, juin 2020.

Umbrello, Steven, Yampolskiy, Roman;*Designing AI for Explainability and Verifiability: A Value Sensitive Design Approach to Avoid Artificial Stupidity in Autonomous Vehicles;* researchgate.net; juillet 2020.

IA líquida

Ackerman, Daniel; *"Liquid" machine-learning system adapts to changing conditions, MIT News, Massachusetts Institute of Technology,* janvier 2021.

Etherington, Darrell; *MIT researchers develop a new 'liquid' neural network that's better at adapting to new info,* TechCrunch, janvier 2021.

Hasani, Ramin, Lechner, Mathias, Amini, Alexander, Rus, Daniela, Grosu, Radu; *Liquid Time-constant Networks,* décembre 2020.

Macaulay, Thomas; *MIT's new 'liquid' AI could help robots adapt to changing conditions,* Thenextweb, janvier 2021.

Techtimes; *New 'Liquid' AI Continually Learns through Experience Just Like the Human Brain,* février 2021.

IA débil, IA fuerte y superinteligencia

Chalmers, David; *The Conscious Mind: In Search of a Fundamental Theory*; 1996.

Dorobantu, Marius; *Human-level, but not Humanlike: The Strangeness of Strong AI*; AI Theology portal, 2021.

Dvorsky, George, *How Much Longer Before Our First AI Catastrophe?*, Gizmodo, 2013.

Eliot, Lance; *Strong AI Versus Weak AI Is Completely Misunderstood, Including For AI Self-Driving Cars,* Frobes, 2020.

George Rajna, *Weak AI, Strong AI and Superintelligence,* 2017.

Muehlhauser, Luke, et Louie Helm, "*Intelligence Explosion and Machine Ethics.*" In Singularity Hypotheses: A Scientific and Philosophical Assessment, édité par Amnon Eden, Johnny Søraker, James H. Moor, et Eric Steinhart. Berlin : Springer.

Searle, John R.; *Minds, brains, and programs*; 2003.

Speaks, Jeff; *Searle against AI*; 2018.

Computación cuántica

Blais, Alexandre; *Introduction à l'information quantique*; Équipe de Recherche en Physique de l'Information Quantique, EPIQ, 2002.

Borrelli, François; *Proposition de stratégie en technologies quantiques pour le Québec,* NUMANA, 2021.

Brune, Michel; *La frontière classique-quantique,* Pour la Science, 1999.

Dowling, Jonathan P.; Milburn, Gerard J.; *Quantum Technology: The second Quantum Revolution;* Quantum Computing Technologies Group, Section 367, Jet Propulsion Laboratory, Pasadena, California, USA; Department of Applied Mathematics and Theoretical Physics, University of Cambridge, UK; Centre for Quantum Computer Technology, The University of Queensland, Australia.

Esfeld, Michael; *L'ontologie de la physique quantique,* Université de Lausanne.

Haroche, Serge; *Les algorithmes quantiques,* Chaire de Physique quantique, College de France, 2002.

Kung, Johny; Fancy, Muriam; *Une révolution quantique : Rapport sur les politiques mondiales en matière de technologies quantiques*; CIFAR, 2020.

Millette, Valérie ; *Quantique et intelligence artificielle au Québec : l'UdeS au cœur des perspectives prometteuses*, Université de Sherbrooke, usherbrooke.ca, 2020.

Québec Quantique; *Les technologies quantiques*, quebec-quantique.ca.

QuTech; *National Agenda on Quantum Technology: The Netherlands as an international centre for Quantum Technology*, 2019.

Brecha digital

Cario, Erwan, Entrevue avec Dominique Pasquier, «Les usages avancés du Net restent élitistes» – Libération (liberation.fr), 2018

Centre Permanent pour la Citoyenneté et la Participation; Les fractures numériques, Comment réduire les inégalités, 2016.

Elie, Michel; Le fossé numérique: l'Internet, facteur de nouvelles inégalités? (Problèmes politiques et sociaux), 2001.

Institut Polytechnique de Paris; «Les usages avancés du Net restent élitistes» (telecom-paris.fr), 2018.

Légifrance; LOI n° 2009-1572 du 17 décembre 2009 relative à la lutte contre la fracture numérique (1), 2009.

Pasquier, Dominique, « Le numérique abolit les distances sociales. »; La France d'en bas ?; 2019.

Wikipédia; Fracture numérique (géographique).

La Comunidad Europea y su visión

Commission Européenne, *Livre Blanc, Intelligence artificielle, Une approche européenne axée sur l'excellence et la confiance*, février 2020.

Dewitt, Beth; *Le RGPD et les organisations canadiennes*, Deloitte, Canada.

Heikkila, Melissa; 6 key battles ahead for Europe's AI law, POLITICO, avril 2021.

Klaus, Samuel, *Avez-vous confiance en l' intelligence artificielle?*swiss-export.com, décembre 2020.

Menecceur, Yannick; *Proposition de règlement de l'IA de la Commission européenne : entre le trop et le trop peu ?*, LinkedIn, avril 2021.

Mueller, Benjamin; *The Artificial Intelligence Act Is a Threat to Europe's Digital Economy and Will Hamstring The EU's Technology Sector In The Global Marketplace*, Center for Data Innovation, avril 2021.

www.ingramcontent.com/pod-product-compliance
Lightning Source LLC
Chambersburg PA
CBHW071355210526
45465CB00001B/108